RAPHAEL'S ASTRONOMICAL
Ephemeris of the Planets' Places
for 1996

A Complete Aspectarian
Mean Obliquity of the Ecliptic, 1996, 23° 26′ 23″

INTRODUCTION

Greenwich Mean Time (G.M.T.) has been used as the basis for all tabulations and times. The tabular data are for Greenwich Mean Noon (12h. G.M.T.), except for the Moon tabulations headed "MIDNIGHT". All phenomena and aspect times are now in G.M.T.

This edition follows the layout for the new form which was introduced in 1980.

BRITISH SUMMER TIME

British Summer Time begins on March 31 and ends on October 27. When *British Summer Time* (one hour in advance of G.M.T.) is used, subtract one hour from B.S.T. before entering this Ephemeris.

These dates are correct according to the acts in force at the time of printing.

Published by

LONDON: W. FOULSHAM & CO. LTD.

BENNETS CLOSE, CIPPENHAM, BERKS. ENGLAND

NEW YORK   TORONTO   CAPE TOWN   SYDNEY

NEW MOON-Jan.20, 0h.50m. pm. (29°♑45′)

2					JANUARY		1996			[RAPHAEL'S	
D	D	Sidereal	☉	☉	☽	☽	☽	☽	Midnight		
M	W	Time	Long.	Dec.	Long.	Lat.	Dec.	Node	☽ Long.	☽ Dec.	
		H. M. S.	° ′ ″	° ′	° ′ ″	° ′	° ′	° ′	° ′ ″	° ′	
1	M	18 41 43	10 ♑ 20 58	23 S 2	22 ♉ 44 29	2 S 28	16 N 4	22 ♎ 25	28 ♉ 45 25	17 N 2	
2	T	18 45 40	11 22 7	22 57	4 ♊ 44 46	3 20	17 49	22 21	10 ♊ 42 55	18 23	
3	W	18 49 36	12 23 16	22 52	16 40 10	4 2	18 46	22 18	22 36 49	18 55	
4	Th	18 53 33	13 24 24	22 46	28 33 6	4 33	18 53	22 15	4 ♋ 29 13	18 37	
5	F	18 57 29	14 25 33	22 39	10 ♋ 25 22	4 53	18 10	22 12	16 21 42	17 31	
6	S	19 1 26	15 26 41	22 33	22 18 21	4 59	16 40	22 9	28 15 30	15 39	
7	Su	19 5 22	16 27 50	22 25	4 ♌ 13 16	4 53	14 27	22 6	10 ♌ 11 50	13 7	
8	M	19 9 19	17 28 58	22 18	16 11 23	4 34	11 38	22 2	22 12 9	10 1	
9	T	19 13 16	18 30 6	22 10	28 14 24	4 2	8 18	21 59	4 ♍ 18 25	6 29	
10	W	19 17 12	19 31 14	22 1	10 ♍ 24 33	3 19	4 36	21 56	16 33 12	2 N38	
11	Th	19 21 9	20 32 22	21 52	22 44 47	2 26	0 N39	21 53	28 59 47	1 S 23	
12	F	19 25 5	21 33 30	21 43	5 ♎ 18 41	1 25	3 S 25	21 50	11 ♎ 42 2	5 27	
13	S	19 29 2	22 34 38	21 33	18 10 20	0 S 18	7 24	21 46	24 44 6	9 1	
14	Su	19 32 58	23 35 46	21 23	1 ♏ 23 49	0 N52	11 9	21 43	8 ♏ 9 55	12 5	
15	M	19 36 55	24 36 54	21 12	15 2 44	2 1	14 26	21 40	22 2 28	15 48	
16	T	19 40 51	25 38 1	21 1	29 9 11	3 4	16 58	21 37	6 ♐ 22 45	17 52	
17	W	19 44 48	26 39 9	20 49	13 ♐ 42 49	3 58	18 30	21 34	21 8 50	18 49	
18	Th	19 48 45	27 40 16	20 38	28 39 59	4 38	18 48	21 31	6 ♑ 15 13	18 27	
19	F	19 52 41	28 41 23	20 25	13 ♑ 53 19	4 58	17 46	21 27	21 32 53	16 46	
20	S	19 56 38	29 ♑ 42 30	20 13	29 12 28	4 57	15 28	21 24	6 ♒ 50 32	13 54	
21	Su	20 0 34	0 ♒ 43 36	20 0	14 ♒ 25 41	4 35	12 6	21 21	21 56 36	10 8	
22	M	20 4 31	1 44 41	19 46	29 22 9	3 55	8 1	21 18	6 ♓ 41 25	5 49	
23	T	20 8 27	2 45 45	19 32	13 ♓ 53 43	3 0	3 S 34	21 15	20 58 38	1 S 18	
24	W	20 12 24	3 46 48	19 18	27 55 58	1 56	0 N57	21 11	4 ♈ 45 43	3 N 8	
25	Th	20 16 20	4 47 50	19 4	11 ♈ 28 5	0 N47	5 15	21 8	18 3 24	7 16	
26	F	20 20 17	5 48 51	18 49	24 32 7	0 S 22	9 10	21 5	0 ♉ 54 47	10 55	
27	S	20 24 14	6 49 51	18 34	7 ♉ 11 59	1 28	12 31	21 2	13 24 22	13 58	
28	Su	20 28 10	7 50 49	18 18	19 32 34	2 28	15 14	20 59	25 37 14	16 19	
29	M	20 32 7	8 51 47	18 2	1 ♊ 38 59	3 21	17 13	20 56	7 ♊ 38 25	17 55	
30	T	20 36 3	9 52 44	17 46	13 36 7	4 3	18 24	20 52	19 32 34	18 42	
31	W	20 40 0	10 ♒ 53 39	17 S 30	25 ♊ 28 16	4 S 35	18 N47	20 ♎ 49	1 ♋ 23 38	18 N39	

D	Mercury			Venus			Mars			Jupiter	
M	Lat.	Dec.	Dec.	Lat.	Dec.	Dec.	Lat.	Dec.	Dec.	Lat.	Dec.
	° ′	° ′	° ′	° ′	° ′	° ′	° ′	° ′	° ′	° ′	° ′
1	1 S 19	21 S 30	21 S 6	1 S 49	18 S 35	18 S 13	1 S 4	22 S 16	22 S 7	0 N 15	23 S 11
3	0 58	20 42	20 18	1 48	17 51	17 28	1 5	21 59	21 50	0 15	23 12
5	0 32	19 54	19 30	1 47	17 5	16 41	1 5	21 41	21 32	0 14	23 12
7	0 S 2	19 8	18 47	1 46	16 17	15 53	1 5	21 22	21 12	0 14	23 12
9	0 N32	18 28	18 10	1 44	15 28	15 3	1 5	21 2	20 52	0 14	23 12
11	1 9	17 55	17 43	1 41	14 37	14 11	1 5	20 41	20 30	0 14	23 12
13	1 47	17 33	17 26	1 39	13 44	13 17	1 5	20 19	20 8	0 14	23 11
15	2 22	17 22	17 20	1 36	12 50	12 23	1 5	19 57	19 45	0 14	23 11
17	2 53	17 21	17 25	1 33	11 55	11 27	1 5	19 33	19 21	0 13	23 11
19	3 15	17 30	17 37	1 29	10 58	10 30	1 6	19 9	18 56	0 13	23 10
21	3 28	17 46	17 55	1 25	10 1	9 31	1 6	18 43	18 30	0 13	23 9
23	3 31	18 5	18 16	1 21	9 2	8 32	1 5	18 17	18 4	0 13	23 9
25	3 25	18 27	18 38	1 17	8 2	7 32	1 5	17 50	17 37	0 13	23 8
27	3 12	18 49	19 0	1 12	7 2	6 32	1 5	17 23	17 9	0 13	23 7
29	2 55	19 11	19 S 21	1 6	6 1	5 S 30	1 5	16 54	16 S 40	0 13	23 6
31	2 N35	19 S 31		1 S 1	5 S 0		1 S 5	16 S 25		0 N 12	23 S 5

FIRST QUARTER-Jan.27,11h.14m. am. (6°♉48′)

D/M	☿ Long.	♀ Long.	♂ Long.	♃ Long.	♄ Long.	♅ Long.	♆ Long.	♇ Long.	☉	☿	♀	♂	♃	♄	♅	♆	♇
1	29♑43	13♒14	24♑34	29♐35	19♓26	29♑23	24♑42	1♐58	Q			△		⚹		△	
2	0♒48	14 28	25 20	29♐49	19 30	29 26	24 44	2 0	△							△	☍
3	1 48	15 42	26 7	0♑3	19 34	29 30	24 46	2 2		Q	△	Q		□	Q	□	
4	2 42	16 55	26 54	0 16	19 38	29 33	24 49	2 4			Q		☍				
5	3 29	18 9	27 41	0 30	19 43	29 36	24 51	2 6	☍								
6	4 8	19 23	28 28	0 43	19 47	29 40	24 53	2 8							△	☍	Q
7	4 38	20 36	29♑15	0 57	19 52	29 43	24 55	2 9		☍		☍			Q	☍	△
8	4 59	21 50	0♒2	1 10	19 56	29 47	24 58	2 11	Q				Q				
9	5 9	23 3	0 49	1 24	20 1	29 50	25 0	2 13	Q		☍		△				□
10	5R 8	24 17	1 36	1 37	20 6	29 54	25 2	2 15						Q	Q	Q	
11	4 55	25 30	2 23	1 50	20 11	29♑57	25 4	2 17	△	Q		Q		☍		△	
12	4 31	26 43	3 10	2 4	20 16	0♒1	25 7	2 18	△		△	□			△		⚹
13	3 55	27 56	3 57	2 17	20 21	0 4	25 9	2 20	□	Q							∠
14	3 8	29♒10	4 44	2 30	20 26	0 8	25 11	2 22	□	△	□	⚹	Q	□	□		⊼
15	2 10	0♓23	5 32	2 43	20 31	0 11	25 13	2 23						∠	△		
16	1♒5	1 36	6 19	2 57	20 36	0 15	25 16	2 25	⚹	⚹	□		⊼		⚹	⚹	☌
17	29♑53	2 49	7 6	3 10	20 42	0 18	25 18	2 27	∠	∠		⚹		□	∠	∠	
18	28 36	4 2	7 53	3 23	20 47	0 22	25 20	2 28	⊼	⊼	⚹	∠	☌		⊼	⊼	⊼
19	27 18	5 15	8 40	3 36	20 52	0 25	25 23	2 30			∠	⊼		⚹			∠
20	26 1	6 28	9 28	3 49	20 58	0 29	25 25	2 31	☌	☌				⊼	∠	☌	⚹
21	24 46	7 41	10 15	4 2	21 3	0 32	25 27	2 33			⊼	☌	∠	⊼			
22	23 36	8 53	11 2	4 15	21 9	0 36	25 29	2 34	⊼	⊼			⚹			⊼	□
23	22 33	10 6	11 50	4 28	21 15	0 40	25 32	2 36	∠	∠	☌	⊼				∠	∠
24	21 37	11 19	12 37	4 41	21 21	0 43	25 34	2 37	⚹	⚹			∠		☌	⚹	△
25	20 50	12 31	13 24	4 54	21 26	0 47	25 36	2 39		⊼	⚹	□					Q
26	20 11	13 44	14 12	5 6	21 32	0 50	25 38	2 40	□	∠					⊼	□	□
27	19 42	14 56	14 59	5 19	21 38	0 54	25 41	2 41	□						∠		
28	19 22	16 8	15 46	5 32	21 44	0 57	25 43	2 43		△	⚹	□	⚹	Q			
29	19 10	17 20	16 34	5 44	21 50	1 1	25 45	2 44		Q						△	△
30	19D 7	18 32	17 21	5 57	21 56	1 4	25 47	2 45	△		□	△				Q	Q
31	19♑11	19♓44	18♒9	6♑9	22♓3	1♒8	25♑50	2♐46	Q					□			

D/M	Saturn Lat.	Saturn Dec.	Uranus Lat.	Uranus Dec.	Neptune Lat.	Neptune Dec.	Pluto Lat.	Pluto Dec.
1	2S 7	6S 8	0S 32	20S 48	0N 29	20S 42	12N 52	7S 56
3	2 7	6 40	0 32	20 47	0 29	20 41	12 52	7 56
5	2 6	6 0	0 32	20 45	0 29	20 41	12 53	7 56
7	2 6	5 57	0 32	20 44	0 29	20 40	12 53	7 57
9	2 6	5 53	0 32	20 42	0 29	20 39	12 54	7 57
11	2 5	5 49	0 32	20 41	0 29	20 38	12 54	7 57
13	2 5	5 44	0 32	20 39	0 29	20 37	12 55	7 57
15	2 5	5 40	0 32	20 38	0 29	20 37	12 55	7 57
17	2 4	5 36	0 32	20 36	0 29	20 36	12 56	7 57
19	2 4	5 31	0 32	20 35	0 29	20 35	12 56	7 57
21	2 4	5 27	0 32	20 33	0 29	20 34	12 57	7 57
23	2 4	5 22	0 32	20 32	0 29	20 33	12 58	7 57
25	2 3	5 17	0 32	20 30	0 29	20 33	12 58	7 57
27	2 3	5 12	0 32	20 29	0 29	20 32	12 59	7 57
29	2 3	5 7	0 32	20 27	0 29	20 31	13 0	7 57
31	2S 3	5S 2	0S 32	20S 26	0N 29	20S 30	13N 0	7S 56

Mutual Aspects

1 ☿⊼♃. ☿☌♅. ♀⊥♄. ♂☌♆.
2 ♀∠♃. ♀Q♇.
3 ☿⚹♇. ☿P♅. ☿P♆.
6 ♀⊼♄.
8 ☉∠♇. ☿∠♄. ♂☌♅.
9 ☿ Stat.
10 ☿∠♄. ♂⊼♃.
11 ☉⚹♄. ♀⊼♆. ♂⚹♇. ♂P♅. ♂P♆.
13 ☿☌♂. ♃⊼♇.
15 ☿⊼♃. ☿⚹♇. ♀⊼♅. ♂∠♄.
16 ☉⊥♀. ☉☌♆. ☿⊼♀. ♀⊥♆.
17 ☿☌♅. ♀⚹♃. ♀□♇.
18 ☉☌☿. ☿⊥♀. ☉P♅. ☉P♆. ♅P♆.
20 ☿☌♆. ♀⊥♅.
21 ☉☌♅. ♂⊥♃.
22 ☿∠♀.
23 ☉⚹♇. ♀∠♆.
24 ☿⚹♄. ☿P♂.
25 ☉⊼♃. ♀P♇.
26 ☉P☿.
27 ☉∠♄. ♀⊼♂. ♂Q♇.
28 ♀∠♅. ♂⊥♄.
29 ♀Q♃.
30 ☿⚹♀. ☿ Stat.
31 ♀P♄.

| 4 | | | | | FEBRUARY | | 1996 | | | [RAPHAEL'S | |

D M	D W	Sidereal Time	☉ Long.	☉ Dec.	☽ Long.	☽ Lat.	☽ Dec.	☽ Node	Midnight ☽ Long.	☽ Dec.
		H. M. S.	° ′ ″	° ′	° ′ ″	° ′	° ′	° ′	° ′ ″	° ′
1	Th	20 43 56	11 ≈ 54 33	17 S 13	7 ♋ 19 2	4 S 55	18 N20	20 ♎ 46	13 ♋ 14 49	17 N48
2	F	20 47 53	12 55 26	16 56	19 11 15	5 2	17 5	20 43	25 8 34	16 11
3	S	20 51 49	13 56 17	16 39	1 ♌ 6 58	4 56	15 6	20 40	7 ♌ 6 37	13 51
4	Su	20 55 46	14 57 8	16 21	13 7 40	4 37	12 27	20 37	19 10 15	10 55
5	M	20 59 43	15 57 57	16 3	25 14 27	4 5	9 16	20 33	1 ♍ 20 25	7 30
6	T	21 3 39	16 58 45	15 45	7 ♍ 28 17	3 21	5 39	20 30	13 38 10	3 N44
7	W	21 7 36	17 59 32	15 26	19 50 16	2 28	1 N46	20 27	26 4 45	0 S 15
8	Th	21 11 32	19 0 18	15 7	2 ♎ 21 54	1 26	2 S 16	20 24	8 ♎ 41 56	4 16
9	F	21 15 29	20 1 3	14 48	15 5 10	0 S 19	6 14	20 21	21 31 56	8 10
10	S	21 19 25	21 1 47	14 29	28 2 33	0 N50	10 0	20 17	4 ♏ 37 24	11 44
11	Su	21 23 22	22 2 30	14 10	11 ♏ 16 49	1 58	13 21	20 14	18 1 6	14 47
12	M	21 27 18	23 3 12	13 50	24 50 34	3 1	16 3	20 11	1 ♐ 45 23	17 5
13	T	21 31 15	24 3 53	13 30	8 ♐ 45 41	3 55	17 53	20 8	15 51 26	18 25
14	W	21 35 12	25 4 32	13 10	23 2 31	4 37	18 39	20 5	0 ♑ 18 35	18 35
15	Th	21 39 8	26 5 11	12 49	7 ♑ 39 9	5 1	18 13	20 2	15 3 32	17 31
16	F	21 43 5	27 5 48	12 29	22 30 54	5 6	16 32	19 58	0 ≈ 0 15	15 15
17	S	21 47 1	28 6 24	12 8	7 ≈ 30 27	4 50	13 43	19 55	15 0 21	11 58
18	Su	21 50 58	29 ≈ 6 59	11 47	22 28 44	4 14	10 1	19 52	29 54 25	7 55
19	M	21 54 54	0 ♓ 7 32	11 26	7 ♓ 16 20	3 21	5 43	19 49	14 ♓ 33 32	3 S 28
20	T	21 58 51	1 8 4	11 4	21 45 12	2 16	1 S 11	19 46	28 50 45	1 N 5
21	W	22 2 47	2 8 33	10 43	5 ♈ 49 45	1 N 5	3 N19	19 43	12 ♈ 41 58	5 27
22	Th	22 6 44	3 9 1	10 21	19 27 20	0 S 8	7 29	19 39	26 5 59	9 24
23	F	22 10 41	4 9 28	9 59	2 ♉ 38 9	1 19	11 9	19 36	9 ♉ 4 10	12 45
24	S	22 14 37	5 9 52	9 37	15 24 32	2 23	14 10	19 33	21 39 43	15 24
25	Su	22 18 34	6 10 14	9 15	27 50 20	3 19	16 26	19 30	3 ♊ 56 58	17 17
26	M	22 22 30	7 10 35	8 53	10 ♊ 0 15	4 5	17 55	19 27	16 0 48	18 20
27	T	22 26 27	8 10 53	8 30	21 59 14	4 39	18 33	19 23	27 56 10	18 34
28	W	22 30 23	9 11 10	8 8	3 ♋ 52 10	5 1	18 22	19 20	9 ♋ 47 46	17 58
29	Th	22 34 20	10 ♓ 11 24	7 S 45	15 ♋ 43 30	5 S 10	17 N23	19 ♎ 17	21 ♋ 39 49	16 N36

D M	Mercury Lat.	Mercury Dec.	Mercury Dec.	Venus Lat.	Venus Dec.	Venus Dec.	Mars Lat.	Mars Dec.	Mars Dec.	Jupiter Lat.	Jupiter Dec.
	° ′	° ′	° ′	° ′	° ′	° ′	° ′	° ′	° ′	° ′	° ′
1	2 N24	19 S 40	19 S 48	0 S 58	4 S 29	3 S 58	1 S 5	16 S 11	15 S 56	0 N 12	23 S 5
3	2 2	19 56	20 2	0 52	3 26	2 55	1 5	15 40	15 25	0 12	23 4
5	1 39	20 8	20 13	0 46	2 24	1 53	1 5	15 10	14 54	0 12	23 3
7	1 17	20 17	20 20	0 39	1 21	0 S 50	1 4	14 38	14 22	0 12	23 1
9	0 55	20 22	20 22	0 32	0 S 18	0 N13	1 4	14 6	13 50	0 12	23 0
11	0 34	20 22	20 20	0 25	0 N45	1 16	1 4	13 34	13 17	0 11	22 59
13	0 N14	20 18	20 14	0 17	1 48	2 19	1 3	13 1	12 44	0 11	22 58
15	0 S 5	20 8	20 2	0 10	2 50	3 22	1 3	12 27	12 10	0 11	22 56
17	0 23	19 54	19 46	0 S 2	3 53	4 24	1 3	11 53	11 36	0 11	22 55
19	0 40	19 35	19 24	0 N 6	4 55	5 26	1 2	11 19	11 1	0 11	22 53
21	0 55	19 11	18 57	0 14	5 57	6 28	1 2	10 44	10 26	0 11	22 52
23	1 10	18 42	18 26	0 23	6 58	7 29	1 1	10 8	9 51	0 11	22 50
25	1 23	18 8	17 49	0 32	7 59	8 29	1 1	9 33	9 15	0 10	22 49
27	1 34	17 28	17 7	0 40	8 59	9 29	1 0	8 57	8 39	0 10	22 47
29	1 44	16 44	16 S 20	0 49	9 58	10 N27	1 0	8 20	8 S 2	0 10	22 46
31	1 S 53	15 S 54		0 N59	10 N56		0 S 59	7 S 44		0 N 10	22 S 44

FULL MOON-Feb. 4, 3h.58m. pm. (15°♌ 7′)

D M	☿ Long.	♀ Long.	♂ Long.	♃ Long.	♄ Long.	♅ Long.	♆ Long.	♇ Long.	☉	☿	♀	♂	♃	♄	♅	♆	♇
	° ′	° ′	° ′	° ′	° ′	° ′	° ′	° ′									
1	19♑23	20♓56	18♒56	6♑22	22♓ 9	1♒11	25♑52	2♐47				⚼	☍				
2	19 41	22 8	19 44	6 34	22 15	1 15	25 54	2 49		☍	△			△			⚼
3	20 5	23 20	20 31	6 46	22 22	1 18	25 56	2 50							☍	☍	△
4	20 36	24 32	21 18	6 59	22 28	1 22	25 58	2 51	☍		⚼			⚼			
5	21 11	25 43	22 6	7 11	22 34	1 25	26 1	2 52				☍	⚼				
6	21 51	26 55	22 53	7 23	22 41	1 28	26 3	2 53		⚼			△			⚼	□
7	22 35	28 6	23 41	7 35	22 47	1 32	26 5	2 54		△				☍	⚼		
8	23 23	29♓17	24 28	7 47	22 54	1 35	26 7	2 55	⚼		☍		□		△	△	✱
9	24 15	0♈28	25 16	7 59	23 1	1 39	26 9	2 56	△			⚼					∠
10	25 10	1D 39	26 3	8 11	23 7	1 42	26 11	2 56		□		△			□	□	⚺
11	26 8	2 50	26 50	8 22	23 14	1 45	26 13	2 57					✱	⚼			
12	27 9	4 1	27 38	8 34	23 21	1 49	26 15	2 58	□	✱	⚼	□	∠	△		✱	
13	28 13	5 11	28 25	8 46	23 27	1 52	26 18	2 59		∠	△		⚺		✱	∠	☌
14	29♑18	6 22	29♒13	8 57	23 34	1 56	26 20	3 0	✱	⚺		✱		□	∠	⚺	
15	0♒26	7 32	0♓ 0	9 9	23 41	1 59	26 22	3 0	∠		□		☌		⚺		⚺
16	1 37	8 42	0 48	9 20	23 48	2 2	26 24	3 1	⚺			∠		✱		☌	∠
17	2 49	9 53	1 35	9 31	23 55	2 5	26 26	3 2		☌	✱	⚺	⚺	∠	☌		✱
18	4 2	11 3	2 23	9 43	24 2	2 9	26 28	3 2	☌		∠		∠	⚺		⚺	
19	5 18	12 12	3 10	9 54	24 9	2 12	26 30	3 3		⚺	⚺	☌	✱		⚺	∠	□
20	6 35	13 22	3 58	10 5	24 16	2 15	26 32	3 3		∠				☌	∠	✱	
21	7 53	14 32	4 45	10 16	24 23	2 18	26 34	3 4	⚺	✱		⚺	□		✱		△
22	9 13	15 41	5 32	10 26	24 30	2 21	26 36	3 4	∠		●	∠		⚺			⚼
23	10 34	16 50	6 20	10 37	24 37	2 25	26 37	3 5	✱			✱			□	□	
24	11 57	18 0	7 7	10 48	24 44	2 28	26 39	3 5		□	⚺		△	∠			
25	13 21	19 9	7 55	10 58	24 52	2 31	26 41	3 5					⚼	✱	△	△	☍
26	14 46	20 17	8 42	11 9	24 59	2 34	26 43	3 6	□	△	∠	□				⚼	
27	16 12	21 26	9 29	11 19	25 6	2 37	26 45	3 6			✱			□	⚼		
28	17 40	22 34	10 17	11 29	25 13	2 40	26 47	3 6	△	⚼							
29	19♒ 9	23♈43	11♓ 4	11♑39	25♓21	2♒43	26♑48	3♐ 6				△	☍				⚼

D M	Saturn Lat.	Saturn Dec.	Uranus Lat.	Uranus Dec.	Neptune Lat.	Neptune Dec.	Pluto Lat.	Pluto Dec.
	° ′	° ′	° ′	° ′	° ′	° ′	° ′	° ′
1	2S 3	5S 0	0S32	20S25	0N29	20S30	13N 1	7S56
3	2 3	4 55	0 32	20 23	0 29	20 29	13 1	7 56
5	2 2	4 49	0 32	20 22	0 29	20 28	13 2	7 56
7	2 2	4 44	0 32	20 20	0 29	20 27	13 3	7 55
9	2 2	4 39	0 32	20 19	0 29	20 27	13 3	7 55
11	2 2	4 33	0 32	20 17	0 29	20 26	13 4	7 55
13	2 2	4 28	0 32	20 16	0 29	20 25	13 5	7 54
15	2 2	4 22	0 32	20 15	0 29	20 24	13 5	7 54
17	2 2	4 17	0 32	20 13	0 29	20 23	13 6	7 53
19	2 2	4 11	0 32	20 12	0 29	20 23	13 7	7 53
21	2 1	4 5	0 32	20 10	0 29	20 22	13 8	7 52
23	2 1	4 0	0 32	20 9	0 29	20 21	13 8	7 52
25	2 1	3 54	0 33	20 7	0 29	20 21	13 9	7 51
27	2 1	3 48	0 33	20 6	0 29	20 20	13 10	7 50
29	2 1	3 42	0 33	20 5	0 29	20 19	13 11	7 50
31	2S 1	3S36	0S33	20S 4	0N29	20S18	13N11	7S49

Mutual Aspects

2 ☉⊥♃. ☿⚺♂. ♀☌♄.
4 ☉Q♇.
5 ♀✱♆. ♂∠♃.
6 ☉⊥♄. ♂⚺♄.
7 ☿✱♄.
8 ☿P♅.
10 ♀✱♅. ♂⚺♆.
11 ☿☌♆. ♀⊥♂. ♀△♇.
12 ☉⚺♄.
13 ☉∠♃.
14 ☿⚺♂. ♃⊥♇. ☿P♅.
15 ☉⚺♆.
16 ☿☌♅. ♀Q♆.
17 ☿✱♇. ♀□♃.
18 ♂⚺♅. ♂⊥♆. ♀P♄.
19 ♂□♇.
21 ☉⚺♅. ☉⊥♆. ♀Q♅. ☉P♂.
22 ☉□♇. ☿∠♄.
23 ☿⚺♃.
24 ♀⚼♇.
25 ♀P♇.
26 ☿Q♇. ♂⊥♅. ☉P♀.
27 ☉⊥♅. ♀P♂.
28 ☿⊥♃.
29 ☿⊥♄. ☉P♇.

LAST QUARTER-Feb.12, 8h.37m. am. (22°♏55′)

6		MARCH		1996					[RAPHAEL'S	
D M	D W	Sidereal Time	☉ Long.	☉ Dec.	☽ Long.	☽ Lat.	☽ Dec.	☽ Node	Midnight ☽ Long.	☽ Dec.
		H. M. S.	° ′ ″	° ′	° ′ ″	° ′	° ′	° ′	° ′ ″	° ′
1	F	22 38 16	11 ♓ 11 37	7 S 22	27 ♋ 37 8	5 S 6	15 N38	19 ♎ 14	3 ♌ 35 51	14 N30
2	S	22 42 13	12 11 47	6 59	9 ♌ 36 18	4 48	13 13	19 11	15 38 44	11 46
3	Su	22 46 10	13 11 56	6 36	21 43 24	4 17	10 12	19 8	27 50 30	8 30
4	M	22 50 6	14 12 2	6 13	4 ♍ 0 11	3 34	6 43	19 4	10 ♍ 12 35	4 50
5	T	22 54 3	15 12 7	5 50	16 27 45	2 40	2 N53	19 1	22 45 47	0 N53
6	W	22 57 59	16 12 9	5 27	29 6 43	1 38	1 S 9	18 58	5 ♎ 30 36	3 S 10
7	Th	23 1 56	17 12 10	5 3	11 ♎ 57 28	0 S 29	5 10	18 55	18 27 22	7 8
8	F	23 5 52	18 12 10	4 40	25 0 19	0 N42	9 1	18 52	1 ♏ 36 23	10 49
9	S	23 9 49	19 12 7	4 16	8 ♏ 15 37	1 53	12 29	18 49	14 58 5	14 0
10	Su	23 13 45	20 12 3	3 53	21 43 51	2 58	15 20	18 45	28 32 57	16 28
11	M	23 17 42	21 11 57	3 29	5 ♐ 25 27	3 54	17 22	18 42	12 ♐ 21 19	18 1
12	T	23 21 39	22 11 50	3 6	19 20 32	4 38	18 24	18 39	26 23 2	18 30
13	W	23 25 35	23 11 41	2 42	3 ♑ 28 37	5 5	18 18	18 36	10 ♑ 37 4	17 50
14	Th	23 29 32	24 11 30	2 18	17 48 4	5 14	17 4	18 33	25 1 11	16 1
15	F	23 33 28	25 11 18	1 55	2 ♒ 15 55	5 4	14 43	18 29	9 ♒ 31 41	13 11
16	S	23 37 25	26 11 4	1 31	16 47 49	4 34	11 27	18 26	24 3 35	9 32
17	Su	23 41 21	27 10 48	1 7	1 ♓ 18 15	3 46	7 29	18 23	8 ♓ 31 3	5 20
18	M	23 45 18	28 10 30	0 44	15 41 14	2 45	3 S 7	18 20	22 48 7	0 S 52
19	T	23 49 14	29 ♓ 10 10	0 S 20	29 51 4	1 34	1 N23	18 17	6 ♈ 49 33	3 N35
20	W	23 53 11	0 ♈ 9 49	0 N 4	13 ♈ 43 9	0 N19	5 42	18 14	20 31 32	7 44
21	Th	23 57 8	1 9 25	0 28	27 14 30	0 S 56	9 37	18 10	3 ♉ 51 58	11 22
22	F	0 1 4	2 8 59	0 51	10 ♉ 23 59	2 5	12 57	18 7	16 50 40	14 21
23	S	0 5 1	3 8 31	1 15	23 12 16	3 7	15 34	18 4	29 29 5	16 34
24	Su	0 8 57	4 8 0	1 39	5 ♊ 41 32	3 57	17 21	18 1	11 ♊ 50 2	17 56
25	M	0 12 54	5 7 27	2 2	17 55 6	4 36	18 18	17 58	23 57 17	18 27
26	T	0 16 50	6 6 53	2 26	29 57 7	5 2	18 24	17 55	5 ♋ 55 12	18 8
27	W	0 20 47	7 6 15	2 49	11 ♋ 52 7	5 15	17 40	17 51	17 48 27	17 1
28	Th	0 24 43	8 5 36	3 13	23 44 47	5 15	16 11	17 48	29 41 41	15 10
29	F	0 28 40	9 4 54	3 36	5 ♌ 39 41	5 0	14 0	17 45	11 ♌ 39 19	12 40
30	S	0 32 37	10 4 10	3 59	17 41 3	4 33	11 12	17 42	23 45 20	9 36
31	Su	0 36 33	11 ♈ 3 23	4 N22	29 ♌ 52 33	3 S 53	7 N53	17 ♎ 39	6 ♍ 3 3	6 N 3

D M	Mercury Lat.	Mercury Dec.	Mercury Dec.	Venus Lat.	Venus Dec.	Venus Dec.	Mars Lat.	Mars Dec.	Mars Dec.	Jupiter Lat.	Jupiter Dec.
	° ′	° ′	° ′	° ′	° ′	° ′	° ′	° ′	° ′	° ′	° ′
1	1 S 49	16 S 20	15 S 54	0 N 54	10 N27	10 N56	1 S 0	8 S 2	7 S 44	0 N 10	22 S 45
3	1 57	15 27	14 59	1 3	11 25	11 54	0 59	7 25	7 7	0 10	22 43
5	2 3	14 30	14 0	1 12	12 22	12 50	0 58	6 48	6 30	0 10	22 41
7	2 8	13 28	12 55	1 22	13 18	13 45	0 58	6 11	5 52	0 10	22 40
9	2 11	12 20	11 45	1 31	14 12	14 39	0 57	5 34	5 15	0 9	22 38
11	2 13	11 8	10 30	1 40	15 6	15 32	0 56	4 56	4 37	0 9	22 37
13	2 13	9 51	9 10	1 50	15 58	16 23	0 56	4 18	3 59	0 9	22 35
15	2 11	8 28	7 46	1 59	16 48	17 13	0 55	3 41	3 22	0 9	22 33
17	2 7	7 1	6 16	2 9	17 38	18 2	0 54	3 3	2 44	0 9	22 32
19	2 1	5 30	4 42	2 18	18 25	18 48	0 54	2 25	2 6	0 9	22 30
21	1 53	3 54	3 4	2 27	19 11	19 34	0 53	1 47	1 28	0 8	22 29
23	1 43	2 13	1 S 21	2 36	19 55	20 17	0 52	1 9	0 50	0 8	22 27
25	1 31	0 S 29	0 N 25	2 45	20 38	20 59	0 51	0 S 31	0 S 12	0 8	22 26
27	1 17	1 N19	2 14	2 54	21 19	21 38	0 50	0 N 7	0 N 26	0 8	22 25
29	1 0	3 9	4 N 5	3 3	21 57	22 N16	0 49	0 45	1 N 4	0 8	22 23
31	0 S 42	5 N 2		3 N 11	22 N34		0 S 48	1 N23		0 N 8	22 S 22

Longitudes

M	☿ Long.	♀ Long.	♂ Long.	♃ Long.	♄ Long.	♅ Long.	♆ Long.	♇ Long.
1	20♒38	24♈51	11♓51	11♑49	25♓28	2♒46	26♑50	3♐ 7
2	22 9	25 58	12 39	11 59	25 35	2 49	26 52	3 7
3	23 41	27 6	13 26	12 9	25 42	2 52	26 54	3 7
4	25 14	28 14	14 13	12 19	25 50	2 55	26 55	3 7
5	26 49	29♈21	15 0	12 28	25 57	2 57	26 57	3 7
6	28♒24	0♉28	15 48	12 38	26 5	3 0	26 59	3R 7
7	0♓0	1 35	16 35	12 47	26 12	3 3	27 0	3 7
8	1 38	2 41	17 22	12 57	26 19	3 6	27 2	3 7
9	3 17	3 48	18 9	13 6	26 27	3 8	27 4	3 7
10	4 57	4 54	18 56	13 15	26 34	3 11	27 5	3 7
11	6 38	6 0	19 43	13 24	26 42	3 14	27 7	3 6
12	8 20	7 5	20 30	13 32	26 49	3 16	27 8	3 6
13	10 3	8 11	21 18	13 41	26 56	3 19	27 10	3 6
14	11 48	9 16	22 5	13 49	27 4	3 22	27 11	3 6
15	13 33	10 21	22 52	13 58	27 11	3 24	27 12	3 5
16	15 20	11 25	23 39	14 6	27 19	3 27	27 14	3 5
17	17 8	12 30	24 26	14 14	27 26	3 29	27 15	3 5
18	18 58	13 34	25 13	14 22	27 34	3 31	27 17	3 4
19	20 48	14 38	26 0	14 30	27 41	3 34	27 18	3 4
20	22 40	15 41	26 46	14 38	27 49	3 36	27 19	3 3
21	24 33	16 44	27 33	14 45	27 56	3 38	27 20	3 3
22	26 27	17 47	28 20	14 53	28 3	3 41	27 22	3 2
23	28♓23	18 50	29 7	15 0	28 11	3 43	27 23	3 2
24	0♈19	19 52	29♓54	15 7	28 18	3 45	27 24	3 1
25	2D17	20 54	0♈41	15 14	28 26	3 47	27 25	3 0
26	4 16	21 55	1D27	15 21	28 33	3 49	27 26	3 0
27	6 16	22 56	2 14	15 28	28 41	3 51	27 27	2 59
28	8 17	23 57	3 1	15 34	28 48	3 53	27 28	2 58
29	10 19	24 57	3 47	15 41	28 55	3 55	27 29	2 57
30	12 21	25 57	4 34	15 47	29 3	3 57	27 30	2 57
31	14♈24	26♉56	5♈20	15♑53	29♓10	3♒59	27♑31	2♐56

Lunar Aspects

M	☉	☿	♀	♂	♃	♄	♅	♆	♇
1	Q		□	Q		△	☍	☍	△
2						Q			
3		☍	△		Q				
4									□
5	☍		Q	☍	△		Q	Q	
6						☍	△	△	✶
7		Q			□				∠
8								□	□
9	Q	△	☍	Q	✶	Q	□		⊼
10	△			△	∠	△		✶	
11		□					✶	∠	☌
12	□		Q	□	⊼		∠	⊼	⊼
13			△			□	⊼	⊼	⊼
14	✶	✶		✶	☌				
15		∠		∠		✶	☌	☌	✶
16	∠	⊼	□	⊼	⊼	∠			□
17	⊼				∠	⊼	⊼	⊼	□
18		☌	✶		✶		∠	∠	△
19	☌		∠	☌		☌	✶	✶	△
20		⊼		□					Q
21	⊼	⊼		⊼		⊼	□	□	
22	∠	∠		∠	△	∠		△	
23	∠	✶	☌			✶			△
24	✶		✶	□				△	☍
25		⊼						Q	Q
26	□		□		□				
27		∠					☍		
28		✶			△			☍	Q
29	△	△			△			☍	△
30	□				□				
31	Q	Q	□			Q			□

D M	Saturn Lat.	Saturn Dec.	Uranus Lat.	Uranus Dec.	Neptune Lat.	Neptune Dec.	Pluto Lat.	Pluto Dec.
1	2S 1	3S39	0S33	20S 4	0N29	20S19	13N11	7S49
3	2 1	3 34	0 33	20 3	0 29	20 18	13 12	7 49
5	2 1	3 28	0 33	20 2	0 29	20 18	13 13	7 48
7	2 1	3 22	0 33	20 0	0 29	20 17	13 13	7 47
9	2 1	3 16	0 33	19 59	0 29	20 16	13 14	7 47
11	2 1	3 10	0 33	19 58	0 29	20 16	13 15	7 46
13	2 1	3 4	0 33	19 57	0 29	20 15	13 15	7 45
15	2 1	2 58	0 33	19 56	0 29	20 15	13 16	7 44
17	2 1	2 52	0 33	19 55	0 29	20 14	13 17	7 43
19	2 1	2 47	0 33	19 54	0 29	20 13	13 18	7 43
21	2 1	2 41	0 33	19 53	0 29	20 13	13 18	7 42
23	2 2	2 35	0 33	19 52	0 29	20 12	13 19	7 41
25	2 2	2 29	0 33	19 51	0 29	20 12	13 20	7 40
27	2 2	2 23	0 33	19 50	0 29	20 12	13 20	7 39
29	2 2	2 18	0 33	19 49	0 29	20 11	13 21	7 38
31	2S 2	2S12	0S33	19S48	0N29	20S11	13N21	7S37

Mutual Aspects

1 ♂✶♃. ♂∠♆.
2 ☉✶♃. ☉∠♆. ♀⊼♄. ♂P♇.
3 ♀□♆. ♀P♇.
4 ☉☌♂. ☿⊼♄.
5 ♀∠♃. ☿⊼♆. ♇Stat.
7 ♀∠♂. ☿P♀.
8 ☉∠♅. ♀P♄. ♀□♅. ♀▽♇. ♅✶♇.
9 ☿⊼♅. ☿P♆. ☿□♇. ♂∠♅.
10 ☿✶♀. 12 ☉P♄.
13 ☉∠♀. ☿P♅.
14 ♂∠♆.
15 ☿✶♃. ♄✶♆.
16 ☉Q♃. ☿P♇.
17 ☉☌♄. ☉✶♆. ♀∠♄.
18 ♀∠♅. ♂P♄.
19 ♀△♃. 20 ♂Q♃.
21 ♂✶♆.
22 ♀Q♃. ☿✶♆. ♂☌♄.
23 ☉△♇. ☿☌♄. ☉P♂. ♀P♅.
24 ☉✶♅. ☿☌♂. ☉P♀. ♀P♆.
25 ☿△♇. ☿P♂.
26 ☿✶♅. ☉P♄. ☿P♂.
28 ☉☌♂. ♂△♇. ☿P♄.
29 ☉Q♆. ☿∠♀. ☿Q♆. ♂✶♅.
30 ☉P♂. ♀P♃.

| 8 | | | | APRIL | 1996 | | | | [RAPHAEL'S | |

D M	D W	Sidereal Time	☉ Long.	☉ Dec.	☽ Long.	☽ Lat.	☽ Dec.	☽ Node	Midnight ☽ Long.	☽ Dec.
		H. M. S.	° ′ ″	° ′	° ′ ″	° ′	° ′	° ′	° ′ ″	° ′
1	M	0 40 30	12♈ 2 34	4 N46	12♍17 7	3 S 1	4 N 9	17♎35	18♍34 59	2 N11
2	T	0 44 26	13 1 43	5 9	24 56 49	2 0	0 N10	17 32	1♎22 43	1 S52
3	W	0 48 23	14 0 50	5 32	7♎52 44	0 S51	3 S55	17 29	14 26 51	5 55
4	Th	0 52 19	14 59 55	5 54	21 4 57	0 N22	7 53	17 26	27 46 57	9 46
5	F	0 56 16	15 58 58	6 17	4♏32 37	1 35	11 32	17 23	11♏21 45	13 10
6	S	1 0 12	16 57 59	6 40	18 14 5	2 44	14 38	17 20	25 9 18	15 53
7	Su	1 4 9	17 56 58	7 2	2♐ 7 7	3 44	16 55	17 16	9♐ 7 12	17 42
8	M	1 8 6	18 55 55	7 25	16 9 12	4 32	18 12	17 13	23 12 47	18 26
9	T	1 12 2	19 54 51	7 47	0♑17 39	5 4	18 23	17 10	7♑23 27	18 2
10	W	1 15 59	20 53 45	8 9	14 29 51	5 17	17 24	17 7	21 36 35	16 30
11	Th	1 19 55	21 52 37	8 31	28 43 18	5 11	15 21	17 4	5≈49 42	13 57
12	F	1 23 52	22 51 27	8 53	12≈55 30	4 46	12 22	17 0	20 0 23	10 36
13	S	1 27 48	23 50 16	9 15	27 4 3	4 3	8 40	16 57	4♓ 6 10	6 38
14	Su	1 31 45	24 49 3	9 37	11♓ 6 26	3 7	4 31	16 54	18 4 31	2 S21
15	M	1 35 41	25 47 48	9 58	25 0 8	2 0	0 S 9	16 51	1♈52 57	2 N 2
16	T	1 39 38	26 46 32	10 19	8♈42 42	0 N47	4 N10	16 48	15 29 6	6 14
17	W	1 43 35	27 45 13	10 40	22 11 55	0 S28	8 13	16 45	28 50 57	10 4
18	Th	1 47 31	28 43 53	11 1	5♉26 3	1 39	11 46	16 41	11♉57 7	13 19
19	F	1 51 28	29♈42 30	11 22	18 24 6	2 44	14 40	16 38	24 47 2	15 50
20	S	1 55 24	0♉41 6	11 43	1♊ 5 58	3 40	16 48	16 35	7♊21 4	17 32
21	Su	1 59 21	1 39 39	12 3	13 32 32	4 23	18 4	16 32	19 40 38	18 23
22	M	2 3 17	2 38 11	12 23	25 45 43	4 54	18 28	16 29	1♋48 8	18 21
23	T	2 7 14	3 36 40	12 43	7♋48 20	5 11	18 2	16 26	13 46 47	17 30
24	W	2 11 10	4 35 8	13 3	19 43 59	5 15	16 47	16 22	25 40 29	15 54
25	Th	2 15 7	5 33 33	13 22	1♌36 51	5 5	14 50	16 19	7♌33 40	13 37
26	F	2 19 4	6 31 56	13 42	13 31 31	4 42	12 15	16 16	19 31 0	10 45
27	S	2 23 0	7 30 17	14 1	25 32 42	4 7	9 8	16 13	1♍37 11	7 24
28	Su	2 26 57	8 28 36	14 20	7♍44 59	3 20	5 34	16 10	13 56 38	3 N40
29	M	2 30 53	9 26 52	14 38	20 12 36	2 23	1 N42	16 6	26 33 16	0 S19
30	T	2 34 50	10♉25 7	14 N57	2♎58 58	1 S17	2 S22	16♎ 3	9♎29 59	4 S24

In the planet table below, the intermediate (even-day) rows carry the offset declination column printed for Mercury, Venus and Mars.

D M	Mercury Lat.	Mercury Dec.	Venus Lat.	Venus Dec.	Mars Lat.	Mars Dec.	Jupiter Lat.	Jupiter Dec.
	° ′	° ′	° ′	° ′	° ′	° ′	° ′	° ′
1	0 S33	5 N58	3 N15	22 N52	0 S48	1 N42	0 N 7	22 S21
2		6 N 55		23 N 9		2 N 0		
3	0 S12	7 51	3 24	23 26	0 47	2 19	0 7	22 20
4		8 48		23 42		2 38		
5	0 N10	9 43	3 31	23 58	0 46	2 57	0 7	22 19
6		10 38		24 13		3 15		
7	0 33	11 32	3 39	24 28	0 45	3 34	0 7	22 18
8		12 25		24 42		3 52		
9	0 55	13 16	3 46	24 55	0 44	4 11	0 7	22 17
10		14 5		25 8		4 29		
11	1 18	14 53	3 53	25 21	0 43	4 48	0 7	22 16
12		15 39		25 33		5 6		
13	1 39	16 23	3 59	25 45	0 42	5 24	0 6	22 15
14		17 4		25 55		5 42		
15	1 58	17 43	4 5	26 6	0 41	6 0	0 6	22 15
16		18 20		26 16		6 18		
17	2 15	18 53	4 10	26 25	0 40	6 36	0 6	22 14
18		19 25		26 34		6 54		
19	2 28	19 53	4 15	26 42	0 39	7 12	0 6	22 13
20		20 19		26 50		7 30		
21	2 39	20 43	4 20	26 57	0 38	7 47	0 6	22 13
22		21 4		27 4		8 5		
23	2 46	21 22	4 23	27 10	0 37	8 22	0 5	22 13
24		21 37		27 16		8 40		
25	2 48	21 50	4 26	27 21	0 36	8 57	0 5	22 12
26		22 0		27 26		9 14		
27	2 46	22 7	4 28	27 30	0 34	9 31	0 5	22 12
28		22 12		27 34		9 48		
29	2 40	22 15	4 29	27 37	0 33	10 5	0 5	22 12
30		22 N 15		27 N40		10 N 21		
31	2 N28	22 N12	4 N 30	27 N42	0 S32	10 N38	0 N 4	22 S12

Planetary Longitudes — April 1996

(Values in degrees and minutes. R = retrograde, D = direct station.)

D/M	☿ Long.	♀ Long.	♂ Long.	♃ Long.	♄ Long.	♅ Long.	♆ Long.	♇ Long.
1	16♈28	27♉55	6♈7	15♑59	29♓17	4♒1	27♑32	2♐55
2	18 32	28 54	6 53	16 5	29 25	4 3	27 33	2R54
3	20 35	29♉52	7 40	16 11	29 32	4 4	27 34	2 53
4	22 39	0♊49	8 26	16 16	29 39	4 6	27 35	2 52
5	24 42	1 46	9 12	16 21	29 46	4 8	27 36	2 51
6	26 43	2 43	9 59	16 26	29♓54	4 9	27 36	2 50
7	28♈44	3 39	10 45	16 31	0♈1	4 11	27 37	2 49
8	0♉43	4 34	11 31	16 36	0D8	4 12	27 38	2 48
9	2 40	5 29	12 17	16 41	0 15	4 14	27 39	2 47
10	4 35	6 23	13 4	16 45	0 22	4 15	27 39	2 46
11	6 27	7 17	13 50	16 50	0 30	4 17	27 40	2 45
12	8 16	8 10	14 36	16 54	0 37	4 18	27 40	2 44
13	10 1	9 3	15 22	16 58	0 44	4 19	27 41	2 43
14	11 43	9 54	16 8	17 2	0 51	4 20	27 42	2 42
15	13 21	10 45	16 54	17 5	0 58	4 22	27 42	2 40
16	14 55	11 36	17 40	17 9	1 5	4 23	27 42	2 39
17	16 25	12 25	18 26	17 12	1 12	4 24	27 43	2 38
18	17 50	13 14	19 11	17 15	1 19	4 25	27 43	2 37
19	19 10	14 2	19 57	17 18	1 26	4 26	27 44	2 35
20	20 25	14 49	20 43	17 21	1 32	4 27	27 44	2 34
21	21 35	15 35	21 29	17 23	1 39	4 28	27 44	2 33
22	22 40	16 21	22 14	17 26	1 46	4 28	27 44	2 31
23	23 40	17 5	23 0	17 28	1 53	4 29	27 45	2 30
24	24 35	17 49	23 46	17 30	1 59	4 30	27 45	2 28
25	25 24	18 31	24 31	17 31	2 6	4 31	27 45	2 27
26	26 8	19 12	25 16	17 33	2 13	4 31	27 45	2 26
27	26 46	19 53	26 2	17 35	2 19	4 32	27 45	2 24
28	27 18	20 32	26 47	17 36	2 26	4 32	27 45	2 23
29	27 45	21 10	27 33	17 37	2 32	4 33	27R45	2 21
30	28♉7	21♊46	28♈18	17♑38	2♈39	4♒33	27♑45	2♐20

Lunar Aspects

(Aspect glyphs: ☌ conjunction, ☍ opposition, □ square, △ trine, ✶ sextile, ∠ semisquare, ⊼ sesquiquadrate, Q quincunx; blank = none.)

D/M	☉	☿	♀	♂	♃	♄	♅	♆	♇
1					△			Q	
2			△			☍	Q	△	
3				☍			△		✶
4	☍	☍	Q		□			□	∠
5							□		⊼
6					✶	Q			
7	Q		☍	Q	∠	△	✶	✶	☌
8	△	Q		△	⊼		∠	∠	
9		△				□	⊼	⊼	⊼
10	□			□	☌		⊼	⊼	∠
11			□			✶	☌	☌	✶
12		□	△	✶	⊼	∠		⊼	
13	✶				⊼	⊼	⊼		□
14	⊼	✶	□	⊼	✶			⊼	⊼
15	⊼	∠				☌	∠		✶
16			✶					✶	△
17	•	⊼	∠	•	□			□	Q
18							⊼	□	
19		☌	⊼	⊼	△	∠			
20	⊼				∠	Q	✶	△	△
21	∠		☌					□	□
22	✶	⊼	✶			□			
23	✶	∠				□			
24	✶	⊼	□	☍					Q
25	□	∠			△	☍	☍		△
26					Q				
27		□	✶	△			Q	□	
28	△		Q		Q			Q	□
29	Q	□			△		Q	□	
30	△					☍		△	△

Latitudes and Declinations

D/M	Saturn Lat.	Saturn Dec.	Uranus Lat.	Uranus Dec.	Neptune Lat.	Neptune Dec.	Pluto Lat.	Pluto Dec.
1	2S2	2S9	0S33	19S48	0N29	20S11	13N22	7S37
3	2 2	2 3	0 34	19 47	0 29	20 10	13 22	7 36
5	2 2	1 58	0 34	19 46	0 29	20 10	13 23	7 35
7	2 3	1 52	0 34	19 45	0 29	20 10	13 23	7 34
9	2 3	1 46	0 34	19 45	0 29	20 9	13 24	7 33
11	2 3	1 41	0 34	19 44	0 29	20 9	13 24	7 33
13	2 3	1 36	0 34	19 44	0 29	20 9	13 25	7 32
15	2 3	1 30	0 34	19 43	0 29	20 9	13 25	7 31
17	2 4	1 25	0 34	19 43	0 29	20 8	13 26	7 30
19	2 4	1 20	0 34	19 42	0 29	20 8	13 26	7 29
21	2 4	1 14	0 34	19 42	0 29	20 8	13 26	7 28
23	2 4	1 9	0 34	19 42	0 29	20 8	13 27	7 28
25	2 5	1 4	0 34	19 41	0 29	20 8	13 27	7 27
27	2 5	0 59	0 34	19 41	0 29	20 8	13 27	7 26
29	2 5	0 54	0 34	19 41	0 29	20 8	13 27	7 25
31	2S5	0S50	0S35	19S41	0N29	20S8	13N28	7S25

Mutual Aspects

1　☿□♃. ☿Q♅. ♀△♆.
2　☿Q♇. ♂P♄.
3　♀✶♄. ☿P♇.
5　☉□♃. ☉Q♅. ♀□♃.
6　☿⊥♀. ☿□♆. ☿±♇. ♀☍♇. ♂Q♆.
7　☉Q♇.
8　☿⊼♄. ♀△♅. ☉P♇.
9　☿▽♇.
　　　　　　　　　10　☿□♅.
11　☿⊥♄.
12　☿⊼♀.
14　♂Q♅.
15　☿∠♀. ♀±♃. ♂□♃.
16　☉±♇. ♂Q♇.
17　☉□♆. ☿∠♄. ♀Q♆.
18　☿△♃. ♀Q♄.
19　☿P♅.
20　☿P♆. ♂P♇.
21　☉⊼♄. ☿⊼♂.
22　☉▽♇.
24　☉□♅. ♀▽♃. ♃∠♇.
26　♀Q♅.
　　　　　　　　　27　♂±♇.
28　☉⊥♄. ♄△♇. ☿P♃.
29　☿△♆. ♂□♆. ♆Stat.
30　☿⊼♂. ♀±♆.

D M	D W	Sidereal Time H. M. S.	☉ Long.	☉ Dec.	☽ Long.	☽ Lat.	☽ Dec.	☽ Node	Midnight ☽ Long.	☽ Dec.
1	W	2 38 46	11 ♉ 23 20	15 N15	16 ♎ 6 26	0 S 5	6 S 25	16 ♎ 0	22 ♎ 48 23	8 S 23
2	Th	2 42 43	12 21 31	15 33	29 35 47	1 N 8	10 16	15 57	6 ♏ 28 27	12 2
3	F	2 46 39	13 19 40	15 50	13 ♏ 26 4	2 20	13 39	15 54	20 28 13	15 5
4	S	2 50 36	14 17 48	16 8	27 34 23	3 24	16 18	15 51	4 ♐ 43 56	17 17
5	Su	2 54 33	15 15 54	16 25	11 ♐ 56 12	4 16	17 59	15 47	19 10 25	18 24
6	M	2 58 29	16 13 58	16 42	26 25 51	4 53	18 30	15 44	3 ♑ 41 43	18 19
7	T	3 2 26	17 12 1	16 58	10 ♑ 57 19	5 11	17 49	15 41	18 11 58	17 2
8	W	3 6 22	18 10 3	17 14	25 25 4	5 9	15 59	15 38	2 ≈ 36 8	14 42
9	Th	3 10 19	19 8 3	17 30	9 ≈ 44 44	4 48	13 11	15 35	16 50 33	11 29
10	F	3 14 15	20 6 2	17 46	23 53 21	4 9	9 38	15 32	0 ♓ 52 59	7 40
11	S	3 18 12	21 3 59	18 1	7 ♓ 49 21	3 17	5 36	15 28	14 42 25	3 S 28
12	Su	3 22 8	22 1 55	18 16	21 32 12	2 13	1 S 19	15 25	28 18 44	0 N51
13	M	3 26 5	22 59 50	18 31	5 ♈ 2 3	1 N 4	2 N58	15 22	11 ♈ 42 12	5 3
14	T	3 30 2	23 57 44	18 46	18 19 15	0 S 8	7 3	15 19	24 53 13	8 57
15	W	3 33 58	24 55 37	19 0	1 ♉ 24 9	1 19	10 44	15 16	7 ♉ 52 5	12 22
16	Th	3 37 55	25 53 28	19 14	14 17 1	2 24	13 50	15 12	20 38 58	15 7
17	F	3 41 51	26 51 17	19 27	26 57 59	3 21	16 13	15 9	3 ♊ 14 4	17 7
18	S	3 45 48	27 49 6	19 40	9 ♊ 27 17	4 7	17 48	15 6	15 37 43	18 16
19	Su	3 49 44	28 46 53	19 53	21 45 29	4 41	18 31	15 3	27 50 44	18 33
20	M	3 53 41	29 ♉ 44 38	20 6	3 ♋ 53 38	5 1	18 22	15 0	9 ♋ 54 28	17 58
21	T	3 57 37	0 ♊ 42 22	20 18	15 53 30	5 8	17 23	14 57	21 51 5	16 37
22	W	4 1 34	1 40 5	20 30	27 47 35	5 2	15 40	14 53	3 ♌ 43 28	14 33
23	Th	4 5 31	2 37 46	20 41	9 ♌ 39 11	4 43	13 17	14 50	15 35 16	11 53
24	F	4 9 27	3 35 25	20 52	21 32 17	4 11	10 21	14 47	27 30 49	8 43
25	S	4 13 24	4 33 3	21 3	3 ♍ 31 28	3 28	6 58	14 44	9 ♍ 34 52	5 9
26	Su	4 17 20	5 30 39	21 13	15 41 38	2 36	3 N15	14 41	21 52 24	1 N18
27	M	4 21 17	6 28 14	21 23	28 7 45	1 34	0 S 42	14 38	4 ♎ 28 15	2 S 43
28	T	4 25 13	7 25 47	21 33	10 ♎ 54 26	0 S 27	4 44	14 34	17 26 43	6 43
29	W	4 29 10	8 23 19	21 42	24 5 25	0 N44	8 40	14 31	0 ♏ 50 48	10 32
30	Th	4 33 6	9 20 50	21 51	7 ♏ 42 54	1 54	12 17	14 28	14 41 41	13 53
31	F	4 37 3	10 ♊ 18 20	22 N 0	21 ♏ 46 51	3 N 0	15 S19	14 ♎ 25	28 ♏ 58 0	16 S31

D M	Mercury Lat.	Mercury Dec.	Mercury Dec.	Venus Lat.	Venus Dec.	Venus Dec.	Mars Lat.	Mars Dec.	Mars Dec.	Jupiter Lat.	Jupiter Dec.
1	2 N28	22 N12	22 N 7	4 N 30	27 N42	27 N44	0 S 32	10 N38	10 N55	0 N 4	22 S 12
3	2 12	22 0	21 50	4 29	27 46	27 46	0 31	11 11	11 27	0 4	22 12
5	1 51	21 38	21 24	4 28	27 47	27 47	0 30	11 43	11 59	0 4	22 12
7	1 26	21 8	20 50	4 25	27 46	27 45	0 29	12 15	12 31	0 4	22 13
9	0 56	20 30	20 8	4 21	27 44	27 42	0 27	12 46	13 2	0 4	22 13
11	0 N24	19 45	19 21	4 15	27 39	27 37	0 26	13 17	13 32	0 3	22 14
13	0 S 11	18 56	18 31	4 9	27 33	27 30	0 25	13 47	14 2	0 3	22 14
15	0 46	18 5	17 40	4 0	27 25	27 21	0 24	14 17	14 32	0 3	22 15
17	1 20	17 15	16 50	3 50	27 16	27 10	0 22	14 46	15 0	0 3	22 16
19	1 53	16 26	16 4	3 38	27 4	26 57	0 21	15 15	15 29	0 2	22 17
21	2 23	15 43	15 24	3 25	26 50	26 43	0 20	15 42	15 56	0 2	22 18
23	2 49	15 7	14 51	3 9	26 34	26 26	0 19	16 10	16 23	0 2	22 19
25	3 11	14 38	14 27	2 52	26 17	26 7	0 17	16 36	16 49	0 2	22 20
27	3 28	14 18	14 12	2 32	25 57	25 46	0 16	17 2	17 15	0 1	22 21
29	3 41	14 8	14 N 6	2 11	25 34	25 N22	0 15	17 27	17 N39	0 1	22 23
31	3 S 49	14 N 6		1 N 47	25 N 9		0 S 14	17 N51		0 N 1	22 S 24

D/M	☿ Long.	♀ Long.	♂ Long.	♃ Long.	♄ Long.	♅ Long.	♆ Long.	♇ Long.	☉	☿	♀	♂	♃	♄	♅	♆	♇
1	28♉23	22♊22	29♈3	17♑38	2♈45	4♒34	27♑45	2♐18		⊡	△		□				∠
2	28 33	22 56	29♈48	17 39	2 51	4 34	27R 45	2R 17				☍			□	□	⊻
3	28 38	23 28	0♉33	17 39	2 58	4 34	27 45	2 15	☍		⊡		⚹	⊡			
4	28R 38	23 59	1 18	17 39	3 4	4 35	27 45	2 14		☍			∠	△	⚹	⚹	☌
5	28 32	24 29	2 3	17R 39	3 10	4 35	27 45	2 12				⊡	⊻				∠
6	28 22	24 57	2 48	17 39	3 16	4 35	27 44	2 11	⊡		☍	△		□	∠	⊻	⊻
7	28 7	25 24	3 33	17 39	3 22	4 35	27 44	2 9	△	⊡			☌			⊻	∠
8	27 48	25 49	4 18	17 38	3 28	4 35	27 44	2 7		△					⊡	☌	⚹
9	27 25	26 12	5 3	17 37	3 34	4R 35	27 44	2 6			⊡	□		⚹	☌		
10	26 59	26 33	5 48	17 36	3 40	4 35	27 43	2 4	□	□	△			⊻	∠		⊻
11	26 29	26 53	6 32	17 35	3 46	4 35	27 43	2 3				⚹	∠	⊻	⊻	∠	□
12	25 57	27 11	7 17	17 34	3 52	4 35	27 42	2 1	⚹	⚹	□	∠	⚹		∠	⚹	
13	25 24	27 27	8 2	17 32	3 58	4 34	27 42	1 59	∠	∠		⊻		☌	⚹		△
14	24 49	27 40	8 16	17 30	4 3	4 34	27 42	1 58	⊻	⊻			□				⊡
15	24 14	27 52	9 31	17 28	4 9	4 34	27 41	1 56			⚹			⊻	□	□	
16	23 38	28 2	10 15	17 26	4 15	4 34	27 41	1 54				∠	☌	△	∠		
17	23 3	28 9	11 0	17 24	4 20	4 33	27 40	1 53	☌	☌		⊻		⊡		△	☍
18	22 30	28 14	11 44	17 21	4 26	4 33	27 39	1 51				⊻		⚹	△	⊡	
19	21 58	28 17	12 28	17 19	4 31	4 32	27 39	1 50				⊻			⊡		
20	21 29	28R 18	13 13	17 16	4 36	4 32	27 38	1 48	⊻	∠	☌	∠		□			
21	21 2	28 16	13 57	17 13	4 42	4 31	27 37	1 46	∠	⚹		⚹	☍				⊡
22	20 39	28 12	14 41	17 9	4 47	4 30	27 37	1 45	⚹			⊻				☍	△
23	20 19	28 5	15 25	17 6	4 52	4 30	27 36	1 43				∠		△	☍		
24	20 3	27 56	16 9	17 3	4 57	4 29	27 35	1 41	□		□		⊡				
25	19 51	27 45	16 53	16 59	5 2	4 28	27 34	1 40	□		⚹		⊡				□
26	19 43	27 31	17 37	16 55	5 7	4 27	27 34	1 38		△		△	△		⊡	⊡	
27	19 39	27 15	18 21	16 51	5 12	4 27	27 33	1 36		□	⊡				△	△	⚹
28	19D 40	26 56	19 5	16 47	5 16	4 26	27 32	1 35	△	⊡			□	☍			∠
29	19 45	26 35	19 48	16 42	5 21	4 25	27 31	1 33	⊡		△					□	
30	19 55	26 12	20 32	16 38	5 26	4 24	27 30	1 31			⊡				□		⊻
31	20♉10	25♊47	21♉16	16♑33	5♈30	4♒23	27♑29	1♐30	☍		☍	⚹	⊡			⚹	

D/M	Saturn Lat.	Dec.	Uranus Lat.	Dec.	Neptune Lat.	Dec.	Pluto Lat.	Dec.
1	2S 5	0S50	0S35	19S41	0N29	20S 8	13N28	7S25
3	2 6	0 45	0 35	19 41	0 29	20 8	13 28	7 24
5	2 6	0 40	0 35	19 41	0 29	20 8	13 28	7 23
7	2 6	0 36	0 35	19 41	0 29	20 8	13 28	7 22
9	2 7	0 31	0 35	19 41	0 29	20 8	13 28	7 22
11	2 7	0 27	0 35	19 41	0 29	20 8	13 28	7 21
13	2 8	0 23	0 35	19 41	0 29	20 8	13 28	7 21
15	2 8	0 18	0 35	19 41	0 29	20 9	13 28	7 20
17	2 8	0 14	0 35	19 41	0 29	20 9	13 28	7 19
19	2 9	0 10	0 35	19 42	0 29	20 9	13 28	7 19
21	2 9	0 7	0 35	19 42	0 29	20 9	13 28	7 18
23	2 10	0 3	0 35	19 42	0 29	20 10	13 28	7 18
25	2 10	0 1	0 35	19 43	0 29	20 10	13 28	7 18
27	2 10	0 4	0 35	19 43	0 29	20 10	13 27	7 17
29	2 11	0 7	0 35	19 44	0 29	20 11	13 27	7 17
31	2S11	0N11	0S36	19S44	0N29	20S11	13N27	7S16

Mutual Aspects

1 ☿ P ♃.   3 ☿ Stat.
4 ♃ Stat.
5 ♂ ⊽ ♇.
7 ☉ △ ♃. ♂ ⊼ ♄.
8 ☉ ∠ ♄. ☿ △ ♆. ♂ □ ♅. ♅ Stat.
10 ☿ P ♆.
11 ☉ ⊥ ♀. ☿ ⊼ ♀. ☿ P ♅.
14 ♀ ⊽ ♆. ☉ P ☿.
15 ☉ ☌ ☿.   16 ♂ ⊥ ♄.
18 ☉ ⊼ ♀. ☉ △ ♆. ☿ ⊥ ♀. ☉ P ♅.
19 ♄ ⚹ ♅.
20 ♀ ∠ ♂. ☉ P ♆. ♀ Stat.
21 ☿ P ♂.
22 ☉ ⊡ ♃. ☉ ☍ ♇.
24 ☿ ∠ ♄.
25 ☉ △ ♅. ♂ △ ♃.
26 ☉ ⚹ ♄. ♀ ⊽ ♆.
27 ☿ Stat.   29 ☿ ☌ ♂.
30 ☿ ⊥ ♀. ♀ ⊥ ♂. ♂ ∠ ♄.
31 ☉ ± ♃.

12					JUNE	1996				[RAPHAEL'S	

D M	D W	Sidereal Time	☉ Long.	☉ Dec.	☽ Long.	☽ Lat.	☽ Dec.	☽ Node	Midnight ☽ Long.	☽ Dec.
		H. M. S.	° ′ ″	° ′	° ′ ″	° ′	° ′	° ′	° ′ ″	° ′
1	S	4 41 0	11 Ⅱ 15 48	22 N 8	6 ♐ 14 28	3 N56	17 S 28	14 ♎ 22	13 ♐ 35 30	18 S 9
2	Su	4 44 56	12 13 16	22 15	21 0 7	4 37	18 31	14 18	28 27 17	18 34
3	M	4 48 53	13 10 42	22 23	5 ♑ 55 50	5 1	18 18	14 15	13 ♑ 24 38	17 43
4	T	4 52 49	14 8 8	22 30	20 52 32	5 3	16 49	14 12	28 18 30	15 39
5	W	4 56 46	15 5 33	22 36	5 ≈ 41 34	4 46	14 14	14 9	13 ≈ 0 59	12 35
6	Th	5 0 42	16 2 57	22 42	20 16 5	4 10	10 47	14 6	27 26 26	8 49
7	F	5 4 39	17 0 21	22 48	4 ♓ 31 44	3 19	6 46	14 3	11 ♓ 31 51	4 38
8	S	5 8 35	17 57 44	22 54	18 26 47	2 17	2 S 28	13 59	25 16 38	0 S 17
9	Su	5 12 32	18 55 6	22 58	2 ♈ 1 35	1 N 9	1 N52	13 56	8 ♈ 41 53	3 N58
10	M	5 16 29	19 52 28	23 3	15 17 49	0 S 1	6 0	13 53	21 49 41	7 57
11	T	5 20 25	20 49 50	23 7	28 17 49	1 10	9 47	13 50	4 ♉ 42 29	11 29
12	W	5 24 22	21 47 11	23 11	11 ♉ 3 59	2 14	13 2	13 47	17 22 34	14 25
13	Th	5 28 18	22 44 31	23 14	23 38 26	3 10	15 37	13 44	29 51 48	16 38
14	F	5 32 15	23 41 51	23 17	6 Ⅱ 2 50	3 56	17 26	13 40	12 Ⅱ 11 40	18 3
15	S	5 36 11	24 39 11	23 20	18 18 26	4 30	18 26	13 37	24 23 15	18 36
16	Su	5 40 8	25 36 30	23 22	0 ♋ 26 14	4 52	18 34	13 34	6 ♋ 27 32	18 19
17	M	5 44 4	26 33 48	23 24	12 27 16	5 1	17 52	13 31	18 25 36	17 13
18	T	5 48 1	27 31 6	23 25	24 22 45	4 56	16 23	13 28	0 ♌ 18 56	15 22
19	W	5 51 58	28 28 23	23 26	6 ♌ 14 26	4 39	14 12	13 24	12 9 34	12 54
20	Th	5 55 54	29 Ⅱ 25 39	23 26	18 4 43	4 9	11 27	13 21	24 0 17	9 54
21	F	5 59 51	0 ♋ 22 55	23 26	29 56 45	3 29	8 14	13 18	5 ♍ 54 37	6 28
22	S	6 3 47	1 20 10	23 26	11 ♍ 54 26	2 39	4 39	13 15	17 56 48	2 N45
23	Su	6 7 44	2 17 24	23 25	24 2 20	1 41	0 N49	13 12	0 ♎ 11 38	1 S 9
24	M	6 11 40	3 14 38	23 24	6 ♎ 25 24	0 S 37	3 S 7	13 9	12 44 13	5 6
25	T	6 15 37	4 11 51	23 22	19 8 42	0 N30	7 2	13 5	25 39 25	8 55
26	W	6 19 33	5 9 4	23 20	2 ♏ 16 52	1 38	10 44	13 2	9 ♏ 1 24	12 26
27	Th	6 23 30	6 6 16	23 18	15 53 18	2 42	14 0	12 59	22 52 40	15 23
28	F	6 27 27	7 3 28	23 15	29 59 23	3 39	16 34	12 56	7 ♐ 13 10	17 30
29	S	6 31 23	8 0 39	23 12	14 ♐ 33 29	4 24	18 10	12 53	21 59 34	18 32
30	Su	6 35 20	8 ♋ 57 50	23 N 8	29 ♐ 30 27	4 N52	18 S 34	12 ♎ 49	7 ♑ 4 58	18 S 16

D M	Mercury Lat.	Mercury Dec.	Venus Lat.	Venus Dec.	Mars Lat.	Mars Dec.	Jupiter Lat.	Jupiter Dec.
	° ′	° ′	° ′	° ′	° ′	° ′	° ′	° ′
1	3 S 52	14 N 9	1 N 35	24 N56	0 S 13	18 N 3	0 N 1	22 S 25
3	3 54	14 20	1 9	24 28	0 12	18 27	0 0	22 26
		14 N 13		24 N43		18 N 15		
5	3 52	14 38	0 42	23 58	0 10	18 49	0 0	22 28
		14 28		24 13		18 38		
7	3 47	15 4	0 N 15	23 26	0 9	19 11	0 N 0	22 29
		14 50		23 42		19 0		
9	3 39	15 36	0 S 14	22 53	0 8	19 32	0 0	22 31
		15 19		23 10		19 22		
		15 54		22 37		19 43		
11	3 27	16 13	0 42	22 20	0 6	19 53	0 S 1	22 33
13	3 13	16 54	1 10	21 46	0 5	20 12	0 1	22 34
		16 33		22 3		20 2		
15	2 57	17 39	1 37	21 12	0 4	20 31	0 1	22 36
		17 16		21 29		20 22		
17	2 39	18 26	2 3	20 40	0 2	20 49	0 2	22 38
		18 2		20 56		20 40		
19	2 19	19 14	2 27	20 9	0 S 1	21 6	0 2	22 40
		18 50		20 24		20 58		
		19 39		19 55		21 14		
21	1 57	20 3	2 50	19 41	0 N 1	21 22	0 2	22 42
		20 27		19 27		21 30		
23	1 35	20 51	3 10	19 15	0 2	21 38	0 2	22 43
		21 14		19 3		21 45		
25	1 11	21 37	3 29	18 52	0 3	21 52	0 3	22 45
		21 58		18 42		21 59		
27	0 48	22 19	3 45	18 32	0 5	22 6	0 3	22 47
		22 38		18 24		22 13		
29	0 24	22 55	3 59	18 16	0 6	22 19	0 3	22 49
		23 N 11		18 N 9		22 N 25		
31	0 S 1	23 N25	4 S 11	18 N 3	0 N 7	22 N31	0 S 4	22 S 51

D/M	☿ Long.	♀ Long.	♂ Long.	♃ Long.	h Long.	♅ Long.	Ψ Long.	♇ Long.	☉	☿	♀	♂	♃	h	♅	Ψ	♇
1	20♉29	25♊19	21♉59	16♑28	5♈35	4≈21	27♑28	1♐28	☍				∠	△	⚹	∠	☌
2	20 52	24R50	22 43	16R23	5 39	4R20	27R27	1R26			☍		⚼		⚼	⚼	⚼
3	21 19	24 19	23 26	16 18	5 43	4 19	27 26	1 25	□	□	□	□		□	⚼		⚼
4	21 51	23 46	24 10	16 13	5 48	4 18	27 25	1 23	△	△		△	☌			☌	⚼
5	22 27	23 12	24 53	16 7	5 52	4 17	27 24	1 22	□		□			⚹	☌		⚹
6	23 7	22 37	25 36	16 2	5 56	4 15	27 23	1 20	△	□	△	□	⚼	∠	⚼	⚼	⚼
7	23 51	22 1	26 20	15 56	6 0	4 14	27 22	1 19					⚼	⚼	⚼	⚼	□
8	24 38	21 24	27 3	15 50	6 4	4 13	27 21	1 17	□	⚹	□	⚼	⚼	⚼	⚹	⚼	⚼
9	25 30	20 47	27 46	15 44	6 7	4 11	27 20	1 15				⚹	⚹	☌	⚹	⚹	△
10	26 25	20 10	28 29	15 38	6 11	4 10	27 18	1 14	⚹	∠	⚹	∠	□		□		⊡
11	27 24	19 32	29 12	15 32	6 15	4 8	27 17	1 12	⚼	∠	⚼					□	□
12	28 26	18 55	29♉55	15 25	6 18	4 7	27 16	1 11	∠		⚼		△	⚼			△
13	29♉32	18 18	0♊38	15 19	6 22	4 5	27 15	1 9	⚼		⚼			⚼	⚼	∠	
14	0♊42	17 41	1 21	15 12	6 25	4 4	27 13	1 8		●		☌	□	⚹	△	□	☍
15	1 54	17 6	2 4	15 6	6 29	4 2	27 12	1 6			☌				□	□	
16	3 10	16 32	2 47	14 59	6 32	4 0	27 11	1 5	☌	⚼		⚼				⚼	□
17	4 29	15 59	3 29	14 52	6 35	3 59	27 10	1 3			⚼			⚼	☍	□	
18	5 52	15 28	4 12	14 45	6 38	3 57	27 8	1 2	⚼	∠	∠	∠			☍	△	☍
19	7 17	14 58	4 54	14 38	6 41	3 55	27 7	1 1	⚹		⚹		△	⚼	⚹	☍	△
20	8 46	14 30	5 37	14 31	6 44	3 53	27 5	0 59	∠		⚹		□			□	
21	10 18	14 4	6 19	14 24	6 46	3 51	27 4	0 58	⚹				□			□	□
22	11 53	13 40	7 2	14 16	6 49	3 49	27 3	0 56		□	□	□	△			□	
23	13 32	13 18	7 44	14 9	6 52	3 48	27 1	0 55								□	△
24	15 13	12 58	8 26	14 2	6 54	3 46	27 0	0 54	□			△		☍	△		⚹
25	16 57	12 41	9 9	13 54	6 56	3 44	26 58	0 52		△	△	□	□				∠
26	18 44	12 26	9 51	13 47	6 59	3 42	26 57	0 51	△	□	□			⚹	□	□	⚼
27	20 34	12 14	10 33	13 39	7 1	3 40	26 55	0 50	□				⚼	□	⚹	□	
28	22 27	12 3	11 15	13 32	7 3	3 38	26 54	0 49					∠	△	⚹	⚹	☌
29	24 22	11 56	11 57	13 24	7 5	3 36	26 52	0 47		☍	☍	⚼	⚼		∠	∠	
30	26♊20	11♊50	12♊39	13♑16	7♈7	3≈33	26♑51	0♐46	☍				⚼	⚼	⚼	⚼	⚼

D/M	Saturn		Uranus		Neptune		Pluto		Mutual Aspects
	Lat.	Dec.	Lat.	Dec.	Lat.	Dec.	Lat.	Dec.	
1	2S12	0N12	0S36	19S45	0N29	20S11	13N27	7S16	1 ☿∠h. ♃∠♇.
3	2 12	0 15	0 36	19 45	0 29	20 11	13 26	7 16	2 ☉□Ψ.
5	2 12	0 18	0 36	19 46	0 29	20 12	13 26	7 16	4 ♀⚼♂. ☉P♃.
7	2 13	0 21	0 36	19 47	0 29	20 12	13 26	7 16	6 ☉▽♃. ☿⚼♀.
9	2 13	0 23	0 36	19 47	0 29	20 13	13 25	7 15	8 ☉Qh. ♀±Ψ. ♂△Ψ.
11	2 14	0 26	0 36	19 48	0 29	20 13	13 25	7 15	9 ☉□♅. ☉P♀.
13	2 14	0 28	0 36	19 49	0 29	20 14	13 24	7 15	10 ☉☌♀. ♀P♃.
15	2 15	0 30	0 36	19 50	0 29	20 14	13 24	7 15	11 ☉±Ψ. ☿△Ψ. ♂P♅.
17	2 15	0 32	0 36	19 51	0 29	20 15	13 23	7 15	12 ♀□♅.
19	2 16	0 34	0 36	19 51	0 29	20 15	13 23	7 15	13 ♀Qh. ♂□♃. ♂PΨ.
21	2 17	0 36	0 36	19 52	0 29	20 16	13 22	7 15	14 ☿□♃. ☿☍♇. ♂☍♇.
23	2 17	0 37	0 36	19 53	0 29	20 16	13 21	7 15	15 ☿☌♂.
25	2 18	0 39	0 36	19 54	0 29	20 17	13 21	7 15	17 ☿△♅. ♀P♂.
27	2 18	0 40	0 36	19 55	0 29	20 17	13 20	7 15	18 ☉±♅. ☉▽Ψ. ♂△♅.
29	2 19	0 41	0 36	19 56	0 29	20 18	13 19	7 16	19 ☿⚹h. ♀PΨ.
31	2S19	0N42	0S36	19S57	0N29	20S19	13N19	7S16	20 ☿±♃. ♀▽♃. ☿P♀. ♀P♅.
									21 ☿P♅.
									22 ☉▽♇. ☿□Ψ. ♂⚹h. ☿PΨ.
									23 ☿☌♀. ☿▽♃.
									24 ♂±♃. 25 ☉▽♅.
									26 ☿Qh. ☿□♅. ☿P♂.
									27 ☿±Ψ
									28 ☉□h. ☉±♇.
									29 ♀☌♂. ♂□Ψ. ☿P♃.
									30 ☿▽Ψ. ♀□Ψ. ☉P☿.

| 14 | | | | | JULY | 1996 | | | | | [RAPHAEL'S |

D M	D W	Sidereal Time	☉ Long.	☉ Dec.	☽ Long.	☽ Lat.	☽ Dec.	☽ Node	Midnight ☽ Long.	☽ Dec.
		H. M. S.	° ′ ″	° ′	° ′ ″	° ′	° ′	° ′	° ′ ″	° ′
1	M	6 39 16	9♋55 1	23 N 4	14♑41 48	5 N 0	17 S 39	12 ♎ 46	22 ♑ 19 35	16 S 43
2	T	6 43 13	10 52 12	23 0	29 56 53	4 47	15 29	12 43	7 ♒ 32 21	13 59
3	W	6 47 9	11 49 23	22 55	15♒ 4 43	4 14	12 16	12 40	22 32 53	10 21
4	Th	6 51 6	12 46 34	22 49	29 55 59	3 24	8 19	12 37	7 ♓ 13 18	6 10
5	F	6 55 2	13 43 45	22 44	14♓24 23	2 22	3 S 57	12 34	21 28 58	1 S 43
6	S	6 58 59	14 40 56	22 38	28 26 59	1 13	0 N 30	12 30	5 ♈ 18 32	2 N 41
7	Su	7 2 56	15 38 8	22 31	12♈ 3 50	0 N 1	4 47	12 27	18 43 12	6 49
8	M	7 6 52	16 35 20	22 24	25 17 1	1 S 8	8 44	12 24	1 ♉ 45 43	10 30
9	T	7 10 49	17 32 33	22 17	8♉ 9 46	2 12	12 9	12 21	14 29 38	13 37
10	W	7 14 45	18 29 46	22 10	20 45 46	3 8	14 55	12 18	26 58 35	16 2
11	Th	7 18 42	19 26 59	22 2	3♊ 8 31	3 54	16 57	12 15	9♊ 15 54	17 40
12	F	7 22 38	20 24 13	21 53	15 21 4	4 29	18 11	12 11	21 24 19	18 29
13	S	7 26 35	21 21 28	21 45	27 25 55	4 51	18 34	12 8	3♋ 26 5	18 27
14	Su	7 30 31	22 18 42	21 35	9♋25 1	5 0	18 7	12 5	15 22 54	17 35
15	M	7 34 28	23 15 57	21 26	21 19 54	4 56	16 52	12 2	27 16 12	15 59
16	T	7 38 25	24 13 13	21 16	3♌11 57	4 39	14 55	11 59	9♌ 7 22	13 42
17	W	7 42 21	25 10 29	21 6	15 2 39	4 10	12 20	11 55	20 58 2	10 51
18	Th	7 46 18	26 7 45	20 55	26 53 47	3 30	9 16	11 52	2♍ 50 14	7 34
19	F	7 50 14	27 5 1	20 44	8♍47 42	2 40	5 48	11 49	14 46 36	3 57
20	S	7 54 11	28 2 18	20 33	20 47 22	1 43	2 N 4	11 46	26 50 29	0 N 9
21	Su	7 58 7	28 59 35	20 22	2♎56 27	0 S 41	1 S 48	11 43	9♎ 5 51	3 S 44
22	M	8 2 4	29♋56 52	20 10	15 19 15	0 N 25	5 39	11 40	21 37 13	7 32
23	T	8 6 0	0♌54 10	19 57	28 0 20	1 31	9 21	11 36	4♏ 29 11	11 5
24	W	8 9 57	1 51 28	19 45	11♏ 4 17	2 35	12 42	11 33	17 46 3	14 11
25	Th	8 13 54	2 48 46	19 32	24 34 53	3 32	15 29	11 30	1♐ 30 59	16 36
26	F	8 17 50	3 46 5	19 18	8♐34 25	4 18	17 29	11 27	15 45 5	18 6
27	S	8 21 47	4 43 24	19 5	23 2 38	4 50	18 26	11 24	0 ♑ 26 30	18 27
28	Su	8 25 43	5 40 44	18 51	7♑55 55	5 3	18 9	11 21	15 29 51	17 32
29	M	8 29 40	6 38 4	18 37	23 7 7	4 56	16 36	11 17	0 ♒ 46 22	15 21
30	T	8 33 36	7 35 25	18 22	8♒26 11	4 27	13 51	11 14	16 5 8	12 6
31	W	8 37 33	8♌32 47	18 N 7	23♒41 48	3 N 40	10 S 10	11 ♎ 11	1 ♓ 14 56	8 S 4

D M	Mercury Lat.	Mercury Dec.		Venus Lat.	Venus Dec.		Mars Lat.	Mars Dec.		Jupiter Lat.	Jupiter Dec.
	° ′	° ′	° ′	° ′	° ′	° ′	° ′	° ′	° ′	° ′	° ′
1	0 S 1	23 N25	23 N 37	4 S 11	18 N 3	17 N57	0 N 7	22 N31	22 N 37	0 S 4	22 S 51
3	0 N21	23 46	23 53	4 22	17 53	17 49	0 9	22 43	22 48	0 4	22 53
5	0 41	23 58	23 59	4 30	17 46	17 43	0 10	22 53	22 58	0 4	22 54
7	1 0	23 59	23 55	4 37	17 41	17 40	0 12	23 3	23 7	0 4	22 56
9	1 15	23 48	23 39	4 42	17 40	17 40	0 13	23 11	23 15	0 5	22 58
11	1 28	23 27	23 13	4 46	17 40	17 41	0 14	23 19	23 23	0 5	22 59
13	1 38	22 56	22 36	4 48	17 43	17 45	0 16	23 26	23 29	0 5	23 1
15	1 44	22 14	21 51	4 49	17 47	17 50	0 17	23 32	23 35	0 5	23 2
17	1 48	21 25	20 57	4 49	17 53	17 56	0 18	23 38	23 40	0 6	23 4
19	1 49	20 28	19 57	4 48	18 0	18 4	0 20	23 42	23 44	0 6	23 5
21	1 47	19 24	18 51	4 47	18 8	18 12	0 21	23 46	23 47	0 6	23 7
23	1 43	18 16	17 40	4 44	18 17	18 21	0 23	23 48	23 49	0 7	23 8
25	1 36	17 3	16 26	4 40	18 26	18 30	0 24	23 50	23 51	0 7	23 9
27	1 27	15 47	15 9	4 36	18 35	18 40	0 25	23 51	23 52	0 7	23 11
29	1 17	14 29	13 N 49	4 31	18 45	18 N50	0 27	23 52	23 N 52	0 7	23 12
31	1 N 5	13 N 9		4 S 25	18 N54		0 N 28	23 N51		0 S 8	23 S 13

D M	☿ Long.	♀ Long.	♂ Long.	♃ Long.	♄ Long.	♅ Long.	♆ Long.	♇ Long.	☉	☿	♀	♂	♃	♄	♅	♆	♇
1	28♊20	11♊47	13♊21	13♑9	7♈9	3≈31	26♑49	0♐45	☌			☌	□				∠
2	0♋22	11D47	14 3	13R 1	7 10	3R 29	26R 48	0R 44		⊡	⊡		⚹	☌	☌		⚹
3	2 27	11 48	14 44	12 53	7 12	3 27	26 46	0 43		⊡	△	△	⤢	⤢			
4	4 33	11 52	15 26	12 46	7 14	3 25	26 45	0 42	⊡	△		∠		⤢	⤢	□	
5	6 40	11 58	16 8	12 38	7 15	3 23	26 43	0 40	△		□	⚹	⤢	∠	∠		
6	8 48	12 7	16 49	12 30	7 16	3 20	26 42	0 39							⚹	⚹	△
7	10 57	12 17	17 31	12 23	7 17	3 18	26 40	0 38	□	□	⚹	⚹	□	☌			⊡
8	13 7	12 30	18 12	12 15	7 19	3 16	26 38	0 37	∠							□	
9	15 17	12 44	18 54	12 7	7 20	3 14	26 37	0 36	⤢	⤢	∠	△	⤢	□			
10	17 26	13 1	19 35	12 0	7 20	3 11	26 35	0 35	⚹	⚹		⤢	⊡	∠			△
11	19 36	13 19	20 17	11 52	7 21	3 9	26 34	0 34	∠	∠					⚹	△	☍
12	21 45	13 40	20 58	11 45	7 22	3 7	26 32	0 33	⤢		•	☌			⊡	⊡	
13	23 53	14 2	21 39	11 37	7 23	3 4	26 30	0 33		⤢							
14	26 0	14 25	22 20	11 30	7 23	3 2	26 29	0 32			⤢	☍	⊡				
15	28♋6	14 51	23 1	11 22	7 23	3 0	26 27	0 31	☌			⤢				☍	⊡
16	0♌11	15 18	23 42	11 15	7 24	2 57	26 26	0 30		☌	∠	∠		△	☍		△
17	2 14	15 46	24 23	11 7	7 24	2 55	26 24	0 29		⚹							
18	4 16	16 16	25 4	11 0	7 24	2 53	26 22	0 29	⤢		⚹	□	⊡				□
19	6 16	16 47	25 45	10 53	7R 24	2 50	26 21	0 28	∠	⤢		△				⊡	
20	8 14	17 20	26 26	10 46	7 24	2 48	26 19	0 27	∠		□	□				⊡	△
21	10 11	17 54	27 7	10 39	7 24	2 45	26 17	0 27	⚹					☍	△		⚹
22	12 6	18 29	27 47	10 32	7 23	2 43	26 16	0 26		⚹	△	□			□		∠
23	14 0	19 6	28 28	10 25	7 23	2 41	26 14	0 25	□		⊡	△			□	□	⤢
24	15 51	19 43	29 8	10 19	7 22	2 38	26 13	0 25	□			⊡	⚹				
25	17 41	20 22	29♊49	10 12	7 22	2 36	26 11	0 24					∠	⊡		⚹	☌
26	19 30	21 2	0♋29	10 5	7 21	2 33	26 9	0 24	△				⤢	△	⚹	∠	
27	21 16	21 43	1 10	9 59	7 20	2 31	26 8	0 23	⊡	△	☍			∠	⤢	⤢	
28	23 1	22 25	1 50	9 53	7 19	2 29	26 6	0 23	⊡			☍	☌	□	⤢		⤢
29	24 44	23 7	2 30	9 47	7 18	2 26	26 5	0 22								☌	⚹
30	26 25	23 51	3 11	9 41	7 17	2 24	26 3	0 22	☍		⊡		⤢	⚹	☌		
31	28♌5	24♊36	3♋51	9♑35	7♈16	2≈22	26♑1	0♐22		☍	△	⊡	∠	∠		⤢	□

D M	Saturn Lat.	Saturn Dec.	Uranus Lat.	Uranus Dec.	Neptune Lat.	Neptune Dec.	Pluto Lat.	Pluto Dec.
1	2S19	0N42	0S36	19S57	0N29	20S19	13N19	7S16
3	2 20	0 43	0 36	19 58	0 29	20 19	13 18	7 16
5	2 20	0 44	0 36	19 59	0 29	20 20	13 17	7 17
7	2 21	0 44	0 36	20 0	0 29	20 20	13 16	7 17
9	2 21	0 44	0 36	20 1	0 29	20 21	13 15	7 17
11	2 22	0 45	0 36	20 3	0 29	20 22	13 15	7 18
13	2 23	0 45	0 37	20 4	0 29	20 22	13 14	7 18
15	2 23	0 44	0 37	20 5	0 29	20 23	13 13	7 19
17	2 24	0 44	0 37	20 6	0 29	20 24	13 12	7 19
19	2 24	0 44	0 37	20 7	0 29	20 24	13 11	7 20
21	2 25	0 43	0 37	20 8	0 29	20 25	13 10	7 21
23	2 25	0 42	0 37	20 9	0 29	20 26	13 9	7 21
25	2 26	0 41	0 37	20 10	0 29	20 26	13 8	7 22
27	2 26	0 40	0 37	20 11	0 29	20 27	13 7	7 23
29	2 27	0 39	0 37	20 13	0 29	20 27	13 6	7 24
31	2S27	0N38	0S37	20S14	0N29	20S28	13N5	7S24

Mutual Aspects

1　☿±♅. ♂▽♃.
2　☿▽♇. ♀⊡♆. ♀Stat.
3　☉⚹♀. ☿▽♅. ☉P♃.
4　☉☍♃. ☉P♂.
5　☿□♄. ☿±♇. ♂P♃.
7　☉⊡♇. ♀▽♃.
8　☿⤢♀. ☿☍♃. ♂⊡♅.
9　☿⊡♇.　　　　10 ♂Q♄.
11　☉☌☿. ☉⊥♀. ☿⊥♀. ☿⤢♂. ♂±♆.
　　☿P♂.
13　☿P♃.
14　☿⤢♀. ☿☍♆.
16　☿∠♀. ☿⊥♂. ☿△♇.
17　☿☍♅.
18　☉☍♆. ☉P♀. ♄Stat.
19　☿P♆.
20　☿△♄. ♂▽♆. ☿P♅. ☉P♆.
21　☿▽♃. ♀⊡♅. ♂±♅. ☉P♆.
22　☿P♅.
23　☉△♇. ☿∠♂. ♀Q♄. ☿P♀.
24　☿±♃.
25　☉☍♅. ♀±♆.
26　♂▽♇.　　　　27 ☿⚹♀.
28　☿⊡♄.
29　☿⊡♃. ♂▽♅. ☉P♀.
30　☉△♄. ☿▽♆.

NEW MOON-Aug.14, 7h.34m. am. (21°♌47′)

D M	D W	Sidereal Time	☉ Long.	☉ Dec.	☽ Long.	☽ Lat.	☽ Dec.	☽ Node	Midnight ☽ Long.	Midnight ☽ Dec.
		H. M. S.	° ′ ″	° ′	° ′ ″	° ′	° ′	° ′	° ′ ″	° ′
1	Th	8 41 29	9♌30 9	17 N52	8♓43 23	2 N38	5 S52	11♎ 8	16♓ 6 17	3 S36
2	F	8 45 26	10 27 33	17 37	23 22 53	1 26	1 S19	11 5	0♈32 45	0 N58
3	S	8 49 23	11 24 58	17 21	7♈35 37	0 N11	3 N11	11 1	14 31 24	5 20
4	Su	8 53 19	12 22 24	17 5	21 20 12	1 S 2	7 22	10 58	28 2 15	9 16
5	M	8 57 16	13 19 51	16 49	4♉37 55	2 10	11 2	10 55	11♉ 7 36	12 37
6	T	9 1 12	14 17 20	16 33	17 31 48	3 8	14 3	10 52	23 51 2	15 17
7	W	9 5 9	15 14 49	16 16	0♊ 5 50	3 57	16 19	10 49	6♊16 44	17 9
8	Th	9 9 5	16 12 21	15 59	12 24 14	4 33	17 46	10 46	18 28 51	18 11
9	F	9 13 2	17 9 53	15 41	24 31 3	4 56	18 24	10 42	0♋31 16	18 24
10	S	9 16 58	18 7 27	15 24	6♋29 54	5 6	18 11	10 39	12 27 19	17 47
11	Su	9 20 55	19 5 2	15 6	18 23 51	5 2	17 11	10 36	24 19 47	16 24
12	M	9 24 52	20 2 39	14 48	0♌15 24	4 46	15 26	10 33	6♌10 55	14 19
13	T	9 28 48	21 0 16	14 30	12 6 35	4 17	13 2	10 30	18 2 35	11 38
14	W	9 32 45	21 57 55	14 11	23 59 9	3 37	10 6	10 27	29 56 28	8 28
15	Th	9 36 41	22 55 35	13 52	5♍54 46	2 47	6 45	10 23	11♍54 15	4 57
16	F	9 40 38	23 53 17	13 33	17 55 12	1 50	3 N 6	10 20	23 57 52	1 N12
17	S	9 44 34	24 50 59	13 14	0♎ 2 33	0 S46	0 S43	10 17	6♎ 9 35	2 S39
18	Su	9 48 31	25 48 43	12 55	12 19 20	0 N20	4 34	10 14	18 32 11	6 26
19	M	9 52 27	26 46 27	12 35	24 48 33	1 27	8 16	10 11	1♏ 8 51	10 0
20	T	9 56 24	27 44 13	12 15	7♏33 33	2 31	11 39	10 7	14 3 3	13 11
21	W	10 0 21	28 42 0	11 56	20 37 46	3 28	14 33	10 4	27 18 6	15 45
22	Th	10 4 17	29♌39 49	11 35	4♐ 4 20	4 17	16 45	10 1	10♐56 43	17 32
23	F	10 8 14	0♍37 38	11 15	17 55 22	4 51	18 3	9 58	25 0 16	18 18
24	S	10 12 10	1 35 29	10 54	2♑11 14	5 9	18 16	9 55	9♑27 57	17 56
25	Su	10 16 7	2 33 21	10 34	16 49 52	5 8	17 17	9 52	24 16 17	16 20
26	M	10 20 3	3 31 14	10 13	1≈46 19	4 46	15 7	9 48	9≈18 55	13 37
27	T	10 24 0	4 29 8	9 52	16 52 56	4 4	11 54	9 45	24 27 8	9 58
28	W	10 27 56	5 27 4	9 31	2♓ 0 19	3 5	7 53	9 42	9♓31 14	5 40
29	Th	10 31 53	6 25 1	9 9	16 58 46	1 54	3 S24	9 39	24 21 56	1 S 5
30	F	10 35 50	7 23 0	8 48	1♈39 53	0 N36	1 N13	9 36	8♈51 58	3 N28
31	S	10 39 46	8♍21 1	8 N26	15♈57 40	0 S42	5 N38	9♎33	22♈56 43	7 N41

D M	Mercury Lat.	Mercury Dec.		Venus Lat.	Venus Dec.		Mars Lat.	Mars Dec.		Jupiter Lat.	Jupiter Dec.
	° ′	° ′	° ′	° ′	° ′	° ′	° ′	° ′	° ′	° ′	° ′
1	0 N58	12 N29	11 N 48	4 S 23	18 N59	19 N 4	0 N 29	23 N51	23 N 50	0 S 8	23 S 14
3	0 44	11 8	10 27	4 16	19 8	19 12	0 30	23 49	23 48	0 8	23 15
5	0 28	9 46	9 5	4 9	19 16	19 20	0 32	23 46	23 45	0 8	23 16
7	0 N12	8 25	7 44	4 2	19 24	19 27	0 33	23 43	23 41	0 8	23 16
9	0 S 6	7 4	6 24	3 55	19 31	19 34	0 35	23 39	23 37	0 9	23 17
11	0 24	5 45	5 6	3 47	19 37	19 39	0 36	23 34	23 31	0 9	23 18
13	0 43	4 27	3 49	3 38	19 41	19 43	0 37	23 28	23 25	0 9	23 19
15	1 3	3 11	2 34	3 30	19 45	19 46	0 39	23 22	23 19	0 9	23 20
17	1 23	1 58	1 23	3 21	19 47	19 47	0 40	23 15	23 11	0 10	23 20
19	1 43	0 N48	0 N 14	3 12	19 47	19 47	0 42	23 7	23 3	0 10	23 21
21	2 3	0 S18	0 S 50	3 3	19 46	19 45	0 43	22 59	22 54	0 10	23 21
23	2 23	1 20	1 49	2 54	19 44	19 42	0 44	22 50	22 45	0 10	23 22
25	2 43	2 17	2 43	2 44	19 39	19 36	0 46	22 40	22 35	0 10	23 22
27	3 3	3 8	3 31	2 35	19 33	19 30	0 47	22 30	22 24	0 11	23 23
29	3 21	3 52	4 S 11	2 25	19 25	19 N21	0 49	22 18	22 N 13	0 11	23 23
31	3 S38	4 S27		2 S 15	19 N16		0 N 50	22 N 7		0 S 11	23 S 23

FIRST QUARTER-Aug.22, 3h.36m. am. (29°♏20′)

FULL MOON-Aug.28, 5h.52m. pm. (5°♓41′)

Planet Longitudes

D M	☿ Long.	♀ Long.	♂ Long.	♃ Long.	♄ Long.	♅ Long.	♆ Long.	♇ Long.
1	29♌43	25♊22	4♋31	9♑29	7♈15	2♒19	26♑ 0	0♐21
2	1♍19	26 8	5 11	9R 23	7R 13	2R 17	25R 58	0R 21
3	2 53	26 55	5 51	9 18	7 12	2 14	25 57	0 21
4	4 26	27 43	6 31	9 12	7 10	2 12	25 55	0 21
5	5 57	28 32	7 11	9 7	7 8	2 10	25 54	0 20
6	7 27	29♊22	7 50	9 2	7 7	2 7	25 52	0 20
7	8 55	0♋12	8 30	8 57	7 5	2 5	25 51	0 20
8	10 21	1 3	9 10	8 52	7 3	2 3	25 49	0 20
9	11 45	1 55	9 49	8 48	7 1	2 0	25 48	0 20
10	13 7	2 47	10 29	8 43	6 58	1 58	25 46	0 20
11	14 28	3 40	11 9	8 39	6 56	1 56	25 45	0D 20
12	15 47	4 33	11 48	8 35	6 54	1 54	25 43	0 20
13	17 4	5 27	12 27	8 31	6 51	1 51	25 42	0 20
14	18 19	6 22	13 7	8 27	6 49	1 49	25 40	0 20
15	19 31	7 17	13 46	8 23	6 46	1 47	25 39	0 20
16	20 42	8 12	14 25	8 20	6 44	1 45	25 38	0 21
17	21 51	9 8	15 4	8 17	6 41	1 43	25 36	0 21
18	22 57	10 5	15 43	8 14	6 38	1 41	25 35	0 21
19	24 1	11 2	16 22	8 11	6 35	1 38	25 33	0 21
20	25 3	11 59	17 1	8 8	6 32	1 36	25 32	0 22
21	26 2	12 57	17 40	8 5	6 29	1 34	25 31	0 22
22	26 58	13 56	18 19	8 3	6 26	1 32	25 30	0 22
23	27 51	14 54	18 58	8 1	6 22	1 30	25 28	0 23
24	28 41	15 54	19 37	7 59	6 19	1 28	25 27	0 23
25	29♍28	16 53	20 15	7 57	6 16	1 26	25 26	0 24
26	0♎12	17 53	20 54	7 55	6 12	1 24	25 25	0 24
27	0 52	18 53	21 32	7 54	6 9	1 23	25 24	0 25
28	1 28	19 54	22 11	7 53	6 5	1 21	25 22	0 25
29	2 0	20 55	22 49	7 52	6 1	1 19	25 21	0 26
30	2 27	21 56	23 28	7 51	5 57	1 17	25 20	0 27
31	2♎50	22♋58	24♋ 6	7♑50	5♈54	1♒15	25♑19	0♐27

Lunar Aspects

D M	☉	☿	♀	♂	♃	♄	♅	♆	♇
1				△	✶	⅄	⅄	∠	
2	Q		□				∠	✶	△
3	△			□	□	☌	✶		
4		Q					□	□	Q
5		△	✶	✶	△	⅄	□		□
6	□		∠	∠		∠			
7			⅄		Q		△	△	☍
8	✶	□		⅄		✶	Q	Q	
9									
10	∠		☌	☌	☍	□			
11	⅄	✶							Q
12	∠		⅄				☍	☍	△
13	⅄		⅄		△				
14	☌		∠	∠	Q	Q			
15			✶		△			Q	□
16		●		✶			Q		
17	⅄						△	△	✶
18	∠		□	□	□	☍			∠
19	✶	⅄						□	⅄
20		∠	△		✶		□		
21		✶		△	∠	Q		✶	
22	□		Q	Q	⅄	△	✶	∠	☌
23					☌	□	⅄	⅄	⅄
24	△	□					⅄	□	∠
25	Q		☍	☍			⅄	⅄	⅄
26		△				⅄	✶	☌	☌
27	Q					∠	∠		
28	☍		Q	Q	✶	⅄	⅄	⅄	□
29			△	△		△	∠	∠	△
30	☌				□		☌	✶	✶
31			✶		△			Q	□

Saturn, Uranus, Neptune, Pluto — Latitude and Declination

D M	Saturn Lat.	Saturn Dec.	Uranus Lat.	Uranus Dec.	Neptune Lat.	Neptune Dec.	Pluto Lat.	Pluto Dec.
1	2S28	0N37	0S37	20S14	0N29	20S28	13N 5	7S25
3	2 28	0 35	0 37	20 15	0 29	20 29	13 4	7 26
5	2 29	0 33	0 37	20 16	0 29	20 30	13 3	7 27
7	2 29	0 31	0 37	20 17	0 29	20 30	13 2	7 28
9	2 30	0 29	0 37	20 18	0 29	20 31	13 1	7 29
11	2 30	0 27	0 37	20 19	0 29	20 31	13 0	7 30
13	2 31	0 25	0 37	20 20	0 29	20 32	12 59	7 31
15	2 31	0 22	0 37	20 21	0 29	20 32	12 58	7 32
17	2 32	0 20	0 37	20 22	0 29	20 33	12 57	7 33
19	2 32	0 17	0 37	20 23	0 29	20 34	12 56	7 34
21	2 32	0 14	0 37	20 24	0 29	20 34	12 55	7 35
23	2 33	0 11	0 37	20 25	0 29	20 35	12 54	7 36
25	2 33	0 8	0 37	20 26	0 29	20 35	12 53	7 37
27	2 34	0 5	0 37	20 27	0 28	20 35	12 52	7 38
29	2 34	0 2	0 37	20 28	0 28	20 36	12 51	7 40
31	2S34	0S 1	0S36	20S28	0N28	20S36	12N50	7S41

Mutual Aspects

1 ☉▽♃. ☿□♇.
2 ☿±♄. ☿±♆. ♀±♅. ♀▽♆.
3 ☿▽♅.
4 ☉⊥♂. ♂±♇.
5 ♂□♄.
6 ☿✶♂. ☿▽♄. ☿±♅.
7 ☉∠♀. ☉±♃. ☿△♃. ♀▽♇.
8 ☿□♆. ♂☍♃. ☿P♇.
9 ☿□♅.
10 ♇ Stat.
13 ☿□♅.
14 ☉□♄. ☿Q♀. ☿Q♇. ♀□♄. ♀±♇.
15 ☉□♃.
16 ♀☍♃. ♂P♃.
17 ♂□♇.
18 ☉▽♆.
20 ☿Q♆. ☿P♄.
21 ♀P♄.
23 ☉±♄. ☉□♇. ♀□♇.
24 ☉▽♅. ☉±♆.
26 ☿✶♇.
27 ☿Q♀.
28 ☿△♅.
29 ☉▽♄.
30 ☉△♃. ☉±♅.

LAST QUARTER-Aug. 6, 5h.25m. am. (14°♉ 2′)

| 18 | | | | | SEPTEMBER | | 1996 | | | [RAPHAEL'S |

D M	D W	Sidereal Time	☉ Long.	☉ Dec.	☽ Long.	☽ Lat.	☽ Dec.	☽ Node	Midnight ☽ Long.	☽ Dec.
		H. M. S.	° ′ ″	° ′	° ′ ″	° ′	° ′	° ′	° ′ ″	° ′
1	Su	10 43 43	9♍19 3	8 N 5	29♈48 59	1 S 56	9 N36	9♎29	6♉34 29	11 N22
2	M	10 47 39	10 17 8	7 43	13♉13 24	3 0	12 56	9 26	19 46 1	14 20
3	T	10 51 36	11 15 14	7 21	26 12 43	3 54	15 31	9 23	2♊33 55	16 30
4	W	10 55 32	12 13 22	6 58	8♊50 7	4 34	17 16	9 20	15 1 53	17 49
5	Th	10 59 29	13 11 33	6 36	21 9 43	5 0	18 9	9 17	27 14 13	18 16
6	F	11 3 25	14 9 45	6 14	3♋15 56	5 13	18 11	9 13	9♋15 23	17 53
7	S	11 7 22	15 8 0	5 51	15 13 6	5 12	17 24	9 10	21 9 35	16 44
8	Su	11 11 19	16 6 16	5 29	27 5 18	4 58	15 52	9 7	3♌0 42	14 51
9	M	11 15 15	17 4 34	5 6	8♌56 10	4 30	13 40	9 4	14 52 4	12 21
10	T	11 19 12	18 2 55	4 43	20 48 45	3 51	10 54	9 1	26 46 32	9 19
11	W	11 23 8	19 1 17	4 21	2♍45 39	3 2	7 39	8 58	8♍46 23	5 54
12	Th	11 27 5	19 59 41	3 58	14 48 56	2 4	4 4	8 54	20 53 31	2 N11
13	F	11 31 1	20 58 7	3 35	27 0 19	1 S 0	0 N16	8 51	3♎9 31	1 S40
14	S	11 34 58	21 56 34	3 12	9♎21 18	0 N 8	3 S35	8 48	15 35 50	5 30
15	Su	11 38 54	22 55 4	2 49	21 53 18	1 16	7 21	8 45	28 13 52	9 8
16	M	11 42 51	23 53 35	2 26	4♏37 43	2 22	10 50	8 42	11♏5 3	12 24
17	T	11 46 48	24 52 8	2 2	17 36 2	3 22	13 51	8 38	24 10 53	15 7
18	W	11 50 44	25 50 43	1 39	0♐49 45	4 13	16 12	8 35	7♐32 48	17 4
19	Th	11 54 41	26 49 20	1 16	14 20 10	4 50	17 43	8 32	21 11 55	18 6
20	F	11 58 37	27 47 58	0 53	28 8 6	5 12	18 13	8 29	5♑8 39	18 4
21	S	12 2 34	28 46 38	0 29	12♑13 29	5 16	17 38	8 26	19 22 21	16 55
22	Su	12 6 30	29♍45 19	0 N 6	26 34 57	5 1	15 55	8 23	3♒50 50	14 40
23	M	12 10 27	0♎44 2	0 S18	11♒9 27	4 26	13 10	8 19	18 30 12	11 27
24	T	12 14 23	1 42 47	0 41	25 52 18	3 33	9 33	8 16	3♓14 57	7 30
25	W	12 18 20	2 41 33	1 4	10♓37 19	2 26	5 20	8 13	17 58 29	3 S 5
26	Th	12 22 17	3 40 22	1 28	25 17 35	1 N10	0 S48	8 10	2♈33 48	1 N29
27	F	12 26 13	4 39 12	1 51	9♈46 20	0 S10	3 N43	8 7	16 54 31	5 53
28	S	12 30 10	5 38 4	2 14	23 57 47	1 28	7 56	8 4	0♉55 41	9 51
29	Su	12 34 6	6 36 59	2 38	7♉47 52	2 38	11 37	8 0	14 34 11	13 11
30	M	12 38 3	7♎35 56	3 S 1	21♉14 33	3 S38	14 N34	7♎57	27♉49 1	15 N44

D M	Mercury Lat.	Mercury Dec.		Venus Lat.	Venus Dec.		Mars Lat.	Mars Dec.		Jupiter Lat.	Jupiter Dec.
	° ′	° ′	° ′	° ′	° ′	° ′	° ′	° ′	° ′	° ′	° ′
1	3 S 45	4 S 41	4 S 53	2 S 10	19 N10	19 N 4	0 N 51	22 N 1	21 N 55	0 S 11	23 S 23
3	3 59	5 1	5 7	2 1	18 57	18 50	0 52	21 48	21 42	0 11	23 24
5	4 9	5 10	5 9	1 51	18 43	18 35	0 54	21 35	21 28	0 11	23 24
7	4 15	5 4	4 56	1 41	18 26	18 17	0 55	21 21	21 14	0 12	23 24
9	4 16	4 43	4 27	1 31	18 8	17 58	0 57	21 7	21 0	0 12	23 24
11	4 10	4 7	3 43	1 22	17 47	17 36	0 58	20 52	20 45	0 12	23 24
13	3 58	3 15	2 43	1 12	17 25	17 13	1 0	20 37	20 29	0 12	23 24
15	3 37	2 9	1 32	1 3	17 0	16 47	1 1	20 21	20 13	0 12	23 24
17	3 9	0 S54	0 S14	0 53	16 34	16 20	1 2	20 5	19 56	0 12	23 24
19	2 35	0 N26	1 N 5	0 44	16 6	15 51	1 4	19 48	19 40	0 13	23 24
21	1 57	1 43	2 18	0 35	15 36	15 20	1 5	19 31	19 22	0 13	23 23
23	1 17	2 50	3 19	0 26	15 4	14 47	1 7	19 13	19 4	0 13	23 23
25	0 37	3 44	4 4	0 18	14 30	14 12	1 8	18 55	18 46	0 13	23 23
27	0 S 1	4 19	4 30	0 9	13 54	13 36	1 10	18 37	18 28	0 13	23 22
29	0 N32	4 35	4 N 36	0 1	13 17	12 N58	1 11	18 18	18 N 9	0 13	23 22
31	0 N59	4 N31		0 N 7	12 N38		1 N 13	17 N59		0 S 14	23 S 21

D/M	☿ Long.	♀ Long.	♂ Long.	♃ Long.	♄ Long.	♅ Long.	♆ Long.	♇ Long.	☉	☿	♀	♂	♃	♄	♅	♆	♇
1	3♎ 8	24♋ 0	24♋44	7♑50	5♈50	1♒14	25♑18	0♐28	⚼		□	□		⚻	□	□	
2	3 21	25 2	25 22	7R49	5R46	1R12	25R17	0 29	△	⚼			△				
3	3 28	26 5	26 0	7 49	5 42	1 10	25 16	0 30			✶	✶	⚼	∠	△	△	☍
4	3R29	27 8	26 38	7D49	5 38	1 9	25 15	0 30	□	△	∠	∠		✶		⚼	
5	3 25	28 11	27 16	7 50	5 34	1 7	25 14	0 31							⚼		
6	3 14	29♋15	27 54	7 50	5 30	1 5	25 13	0 32		□	⚻	⚻	☍	□			
7	2 56	0♌18	28 32	7 51	5 25	1 4	25 12	0 33	✶								⚼
8	2 33	1 22	29 10	7 51	5 21	1 2	25 11	0 34	∠	✶	☌	☌			☍	☍	△
9	2 2	2 27	29♋47	7 53	5 17	1 1	25 10	0 35						△			
10	1 26	3 31	0♌25	7 54	5 12	1 0	25 10	0 36	⚻	∠			⚼	⚼			
11	0♎43	4 36	1 3	7 55	5 8	0 58	25 9	0 37		⚻	⚻	⚻	△				□
12	29♍55	5 41	1 40	7 57	5 4	0 57	25 8	0 38	☌			∠			⚼	⚼	
13	29 1	6 47	2 18	7 59	4 59	0 56	25 7	0 39		☌	∠	✶			△	△	✶
14	28 4	7 52	2 55	8 0	4 55	0 54	25 7	0 40			✶		□	☍		□	
15	27 3	8 58	3 32	8 3	4 50	0 53	25 6	0 42	⚻	⚻						□	∠
16	26 1	10 4	4 9	8 5	4 46	0 52	25 5	0 43	∠	∠	□	□	✶		□		⚻
17	24 58	11 10	4 46	8 8	4 41	0 51	25 5	0 44					∠	⚼			
18	23 56	12 17	5 24	8 10	4 37	0 50	25 4	0 45	✶	✶		△		△	✶	✶	☌
19	22 56	13 23	6 1	8 13	4 32	0 49	25 3	0 46			△		⚻		∠	∠	
20	22 0	14 30	6 37	8 16	4 27	0 48	25 3	0 48	□	□	⚼	⚼		□	⚻	⚻	⚻
21	21 10	15 37	7 14	8 20	4 23	0 47	25 2	0 49					☌				∠
22	20 27	16 44	7 51	8 23	4 18	0 46	25 2	0 51	△	△					☌	☌	✶
23	19 51	17 52	8 28	8 27	4 13	0 45	25 1	0 52	⚼	⚼	☍	☍	⚻	✶			
24	19 25	18 59	9 4	8 30	4 9	0 45	25 1	0 53					∠	∠	⚻	⚻	□
25	19 7	20 7	9 41	8 34	4 4	0 44	25 1	0 55					✶	⚻	∠	∠	
26	19 0	21 15	10 17	8 39	3 59	0 43	25 0	0 56		☍		⚼			✶	✶	△
27	19D 3	22 23	10 54	8 43	3 55	0 42	25 0	0 58	☍		⚼	△	□	☌			⚼
28	19 16	23 31	11 30	8 47	3 50	0 42	25 0	0 59			△	△			□	□	
29	19 39	24 40	12 6	8 52	3 45	0 41	24 59	1 1	⚼		⚼	⚻	□	△		⚻	
30	20♍12	25♌49	12♌43	8♑57	3♈41	0♒41	24♑59	1♐ 2	⚼	△	□	∠	□	⚻			△

D/M	Saturn Lat.	Saturn Dec.	Uranus Lat.	Uranus Dec.	Neptune Lat.	Neptune Dec.	Pluto Lat.	Pluto Dec.
1	2S35	0S 3	0S36	20S29	0N28	20S37	12N49	7S42
3	2 35	0 6	0 36	20 29	0 28	20 37	12 48	7 43
5	2 35	0 10	0 36	20 30	0 28	20 37	12 47	7 44
7	2 35	0 13	0 36	20 31	0 28	20 38	12 46	7 45
9	2 36	0 17	0 36	20 31	0 28	20 38	12 45	7 47
11	2 36	0 21	0 36	20 32	0 28	20 39	12 44	7 48
13	2 36	0 24	0 36	20 32	0 28	20 39	12 43	7 50
15	2 36	0 28	0 36	20 33	0 28	20 39	12 42	7 51
17	2 37	0 32	0 36	20 33	0 28	20 39	12 41	7 52
19	2 37	0 36	0 36	20 34	0 28	20 40	12 40	7 54
21	2 37	0 40	0 36	20 34	0 28	20 40	12 40	7 55
23	2 37	0 43	0 36	20 34	0 28	20 40	12 39	7 56
25	2 37	0 47	0 36	20 35	0 28	20 40	12 38	7 58
27	2 37	0 51	0 36	20 35	0 28	20 40	12 37	7 59
29	2 37	0 55	0 36	20 35	0 28	20 41	12 36	8 1
31	2S37	0S58	0S36	20S35	0N28	20S41	12N35	8S 2

Mutual Aspects

2 ☉∠♂. ☉□♆. ♀☍♆. ♂☍♆. ☉P♇.
3 ♀☌♂. ♃Stat.
4 ☿Stat.   5 ☉∠♀.
7 ♀△♇.
8 ☉□♅. ♀☍♅.
9 ☿✶♀.   10 ♂△♇.
11 ☉⚼♇. ☿✶♂. ☿△♅. ☿✶♇. ♀△♄.
 ♂☍♅.
13 ♂P♆.
14 ♀⚻♃. ♂P♅.
16 ☿∠♀.
17 ☉☌☿. ☉△♆. ☿△♆. ♂△♄.
18 ☿Ph.   19 ☿Ph.
20 ☿∠♂. ♀±♃. ♅✶♇. ☉P☿.
21 ☿⊥♀. ☉Ph.
23 ☉△♅. ☉✶♇. ♂⚻♃.
24 ☿⚻♀. ♀□♄. ☉Ph.
26 ☉☍♄. ☿Stat.
28 ♀□♃.   29 ♀⚻♆.

D M	D W	Sidereal Time	☉ Long.	☉ Dec.	☽ Long.	☽ Lat.	☽ Dec.	☽ Node	Midnight ☽ Long.	☽ Dec.
		H. M. S.	° ′ ″	° ′	° ′ ″	° ′	° ′	° ′	° ′ ″	° ′
1	T	12 41 59	8♎34 55	3 S 24	4♊17 47	4 S 24	16 N40	7♎54	10♊41 5	17 N23
2	W	12 45 56	9 33 56	3 47	16 59 16	4 56	17 53	7 51	23 12 47	18 9
3	Th	12 49 52	10 32 59	4 11	29 22 6	5 14	18 12	7 48	5♋27 43	18 3
4	F	12 53 49	11 32 5	4 34	11♋30 11	5 17	17 41	7 44	17 30 6	17 7
5	S	12 57 46	12 31 13	4 57	23 28 2	5 6	16 22	7 41	29 24 35	15 27
6	Su	13 1 42	13 30 24	5 20	5♌20 17	4 42	14 22	7 38	11♌15 45	13 8
7	M	13 5 39	14 29 37	5 43	17 11 30	4 6	11 46	7 35	23 8 3	10 16
8	T	13 9 35	15 28 52	6 6	29 5 54	3 20	8 40	7 32	5♍5 30	6 58
9	W	13 13 32	16 28 9	6 28	11♍7 15	2 24	5 10	7 29	17 11 32	3 N19
10	Th	13 17 28	17 27 28	6 51	23 18 40	1 21	1 N25	7 25	29 28 54	0 S31
11	F	13 21 25	18 26 50	7 14	5♎42 29	0 S13	2 S28	7 22	11♎59 34	4 24
12	S	13 25 21	19 26 13	7 36	18 20 16	0 N57	6 19	7 19	24 44 40	8 10
13	Su	13 29 18	20 25 39	7 59	1♏12 45	2 5	9 57	7 16	7♏44 32	11 37
14	M	13 33 15	21 25 7	8 21	14 19 55	3 8	13 9	7 13	20 58 50	14 32
15	T	13 37 11	22 24 36	8 43	27 41 8	4 1	15 43	7 10	4♐26 40	16 43
16	W	13 41 8	23 24 8	9 5	11♐15 16	4 42	17 28	7 6	18 6 45	17 58
17	Th	13 45 4	24 23 41	9 27	25 0 56	5 8	18 13	7 3	1♑57 37	18 11
18	F	13 49 1	25 23 16	9 49	8♑56 37	5 16	17 53	7 0	15 57 42	17 19
19	S	13 52 57	26 22 53	10 11	23 0 41	5 5	16 28	6 57	0♒5 20	15 22
20	Su	13 56 54	27 22 32	10 32	7♒11 24	4 35	14 2	6 54	14 18 38	12 29
21	M	14 0 50	28 22 12	10 54	21 26 45	3 49	10 44	6 50	28 35 27	8 50
22	T	14 4 47	29♎21 54	11 15	5♓44 21	2 48	6 48	6 47	12♓53 5	4 40
23	W	14 8 44	0♏21 37	11 36	20 1 13	1 37	2 S28	6 44	27 8 19	0 S14
24	Th	14 12 40	1 21 23	11 57	4♈13 54	0 N21	2 N 0	6 41	11♈17 29	4 N11
25	F	14 16 37	2 21 10	12 17	18 18 33	0 S57	6 18	6 38	25 16 38	8 19
26	S	14 20 33	3 20 59	12 38	2♉11 17	2 9	10 12	6 35	9♉2 5	11 56
27	Su	14 24 30	4 20 50	12 58	15 48 41	3 13	13 29	6 31	22 30 48	14 50
28	M	14 28 26	5 20 43	13 18	29 8 13	4 5	15 59	6 28	5♊40 49	16 54
29	T	14 32 23	6 20 38	13 38	12♊8 35	4 42	17 35	6 25	18 31 34	18 2
30	W	14 36 19	7 20 35	13 58	24 49 55	5 5	18 15	6 22	1♋3 54	18 15
31	Th	14 40 16	8♏20 35	14 S17	7♋13 49	5 S13	18 N 2	6♎19	13♋20 3	17 N37

D M	Mercury Lat.	Mercury Dec.	Mercury Dec. (even)	Venus Lat.	Venus Dec.	Venus Dec. (even)	Mars Lat.	Mars Dec.	Mars Dec. (even)	Jupiter Lat.	Jupiter Dec.
	° ′	° ′	° ′	° ′	° ′	° ′	° ′	° ′	° ′	° ′	° ′
1	0 N59	4 N31	4 N 22	0 N 7	12 N38	12 N18	1 N 13	17 N59	17 N 49	0 S 14	23 S 21
3	1 21	4 9	3 51	0 15	11 58	11 37	1 14	17 40	17 30	0 14	23 21
5	1 37	3 30	3 5	0 23	11 16	10 55	1 16	17 20	17 10	0 14	23 20
7	1 49	2 37	2 6	0 30	10 33	10 10	1 17	17 0	16 50	0 14	23 19
9	1 55	1 33	0 N 57	0 37	9 48	9 25	1 19	16 40	16 30	0 14	23 19
11	1 58	0 N20	0 S 18	0 44	9 2	8 38	1 20	16 19	16 9	0 14	23 18
13	1 57	0 S58	1 39	0 50	8 15	7 51	1 22	15 58	15 48	0 14	23 17
15	1 54	2 21	3 4	0 56	7 26	7 2	1 24	15 38	15 27	0 15	23 16
17	1 47	3 46	4 30	1 2	6 37	6 12	1 25	15 16	15 6	0 15	23 15
19	1 40	5 13	5 56	1 8	5 46	5 21	1 27	14 55	14 44	0 15	23 14
21	1 30	6 39	7 22	1 13	4 55	4 29	1 28	14 34	14 23	0 15	23 12
23	1 19	8 5	8 48	1 18	4 3	3 37	1 30	14 12	14 1	0 15	23 11
25	1 8	9 30	10 11	1 22	3 10	2 44	1 32	13 50	13 39	0 15	23 10
27	0 55	10 53	11 33	1 26	2 17	1 50	1 33	13 28	13 17	0 15	23 8
29	0 42	12 13	12 S 52	1 30	1 23	0 N56	1 35	13 6	12 N 55	0 15	23 7
31	0 N29	13 S 31		1 N34	0 N28		1 N36	12 N44		0 S16	23 S 5

FULL MOON-Oct.26, 2h.11m. pm. (3° ♉ 26′)

D/M	☿ Long.	♀ Long.	♂ Long.	♃ Long.	♄ Long.	♅ Long.	♆ Long.	♇ Long.
1	20♍53	26♌57	13♌19	9♑2	3♈36	0≈40	24♑59	1♐4
2	21 43	28 6	13 55	9 7	3R31	0R40	24R59	1 6
3	22 41	29♌16	14 31	9 12	3 27	0 40	24 59	1 7
4	23 46	0♍25	15 6	9 18	3 22	0 39	24 59	1 9
5	24 58	1 34	15 42	9 24	3 18	0 39	24 59	1 11
6	26 15	2 44	16 18	9 29	3 13	0 39	24 59	1 13
7	27 37	3 54	16 54	9 35	3 8	0 39	24D59	1 14
8	29♍3	5 4	17 29	9 42	3 4	0 39	24 59	1 16
9	0♎33	6 14	18 5	9 48	2 59	0 39	24 59	1 18
10	2 6	7 24	18 40	9 54	2 55	0D39	24 59	1 20
11	3 42	8 34	19 15	10 1	2 50	0 39	24 59	1 22
12	5 19	9 45	19 50	10 8	2 46	0 39	24 59	1 23
13	6 59	10 55	20 25	10 15	2 42	0 39	24 59	1 25
14	8 39	12 6	21 0	10 22	2 37	0 39	25 0	1 27
15	10 20	13 17	21 35	10 29	2 33	0 39	25 0	1 29
16	12 3	14 28	22 10	10 36	2 29	0 40	25 0	1 31
17	13 45	15 39	22 45	10 44	2 25	0 40	25 1	1 33
18	15 28	16 50	23 19	10 52	2 21	0 40	25 1	1 35
19	17 11	18 1	23 54	10 59	2 17	0 41	25 1	1 37
20	18 54	19 13	24 28	11 7	2 13	0 41	25 2	1 39
21	20 36	20 24	25 3	11 16	2 9	0 42	25 2	1 41
22	22 19	21 36	25 37	11 24	2 5	0 43	25 3	1 43
23	24 1	22 48	26 11	11 32	2 1	0 43	25 3	1 45
24	25 43	23 59	26 45	11 41	1 57	0 44	25 4	1 48
25	27 24	25 11	27 19	11 49	1 53	0 45	25 5	1 50
26	29♎5	26 23	27 53	11 58	1 50	0 45	25 5	1 52
27	0♏46	27 35	28 26	12 7	1 46	0 46	25 6	1 54
28	2 26	28♍48	29 0	12 16	1 43	0 47	25 7	1 56
29	4 6	0♎0	29♌33	12 25	1 39	0 48	25 7	1 58
30	5 45	1 12	0♍7	12 34	1 36	0 49	25 8	2 1
31	7♏24	2♎25	0♍40	12♑44	1♈33	0≈50	25♑9	2♐3

Lunar Aspects

D/M	☉	☿	♀	♂	♃	♄	♅	♆	♇
1	△					⚹	△	□	☍
2		□		⚹			□		□
3			⚹	∠		□			
4	□		∠	Q	☍				□
5		⚹						☍	
6			Q			△	☍		△
7	⚹	∠		☌		□	△	□	
8	∠	Q		☌	□				□
9	Q		☌	Q	☍		□	□	
10								△	
11		☌	Q	∠	□	☍	△		⚹
12	●		⚹						∠
13			∠	∠			□	□	Q
14	⚹	∠		☌			⚹		☌
15	Q	∠		□	∠	△	⚹	⚹	☌
16	∠	⚹	□			Q		∠	∠
17	⚹		△				Q	Q	Q
18	Q	☌	□		□		☍	☍	
19	□	□	△					☌	∠
20				Q	☍		⚹	☌	⚹
21		△		☍	∠	∠		Q	
22	△	□		☌	⚹	Q	Q	∠	□
23	□		☌	⚹				∠	Q
24				☌		☌	⚹		△
25			□	□			□	□	□
26	☍	☍		△		Q	□		
27			□		Q	△	∠		
28			△	□	□	⚹	△	△	☍
29	Q	∠		⚹		△	□	□	☌
30		□	□	⚹					
31	△	△	□		☍	□			

D/M	Saturn Lat.	Saturn Dec.	Uranus Lat.	Uranus Dec.	Neptune Lat.	Neptune Dec.	Pluto Lat.	Pluto Dec.
1	2S37	0S58	0S36	20S35	0N28	20S41	12N35	8S2
3	2 37	1 2	0 36	20 35	0 28	20 41	12 34	8 4
5	2 37	1 6	0 36	20 36	0 28	20 41	12 34	8 5
7	2 37	1 9	0 36	20 36	0 27	20 41	12 33	8 6
9	2 37	1 13	0 36	20 36	0 27	20 41	12 32	8 8
11	2 37	1 16	0 36	20 35	0 27	20 41	12 31	8 9
13	2 37	1 20	0 36	20 35	0 27	20 41	12 31	8 11
15	2 37	1 23	0 36	20 35	0 27	20 41	12 30	8 12
17	2 36	1 26	0 36	20 35	0 27	20 41	12 29	8 13
19	2 36	1 29	0 35	20 35	0 27	20 41	12 29	8 15
21	2 36	1 32	0 35	20 35	0 27	20 41	12 28	8 16
23	2 36	1 35	0 35	20 34	0 27	20 41	12 28	8 17
25	2 36	1 38	0 35	20 34	0 27	20 40	12 27	8 19
27	2 35	1 40	0 35	20 33	0 27	20 40	12 26	8 20
29	2 35	1 43	0 35	20 33	0 27	20 40	12 26	8 21
31	2S35	1S45	0S35	20S32	0N27	20S40	12N25	8S23

Mutual Aspects

2 ⊙□♃. ♀±♄.
3 ⊙P☿.
4 ♀▽♅. ♀±♆. ♂±♃.
5 ☿△♆. ♀□♇.
6 ♀▽♄. ♆Stat.
9 ⊙∠♇. ☿△♅. ☿⚹♇. ♀±♅. ♂□♄.
10 ☿☍♄. ☿P♅. ♅Stat.
12 ☿∠♂. ♀△♃. ♀□♆.
13 ⊙⚹♂. ⊙P♀. ♀P♇.
14 ⊙P♇. ☿P♄.
15 ☿□♃.   17 ♀□♅.
18 ⊙□♆. ⊙⊥♇.
19 ☿∠♇. ☿P♀.
20 ♀Q♇.
21 ☿⚹♀. ♂▽♆.
22 ⊙Q♃.
23 ⊙□♅. ♂±♄. ☿P♇.
24 ⊙⚹♇. ☿□♆. ♀⊥♇. ♂□♃.
25 ⊙▽♄. ☿⚹♇. ♀△♆.
26 ♄△♇.
27 ☿Q♃. ♀□♅.
28 ☿▽♄. ♀⚹♇. ♀⚹♂. ⊙P♂. ♀P♄.
30 ⊙±♄. ♀☍♄. ♀△♅. ☿P♂.
31 ⊙⊥♀. ☿±♄. ♀⚹♇. ♂▽♅.

LAST QUARTER-Oct. 4, 0h. 4m. pm. (11°♋32′)

D M	D W	Sidereal Time (H. M. S.)	☉ Long.	☉ Dec.	☽ Long.	☽ Lat.	☽ Dec.	☽ Node	Midnight ☽ Long.	☽ Dec.
1	F	14 44 13	9 ♏ 20 36	14 S 36	19 ♋ 23 4	5 S 6	16 N59	6 ♎ 16	25 ♋ 23 22	16 N11
2	S	14 48 9	10 20 40	14 55	1 ♌ 21 30	4 46	15 12	6 12	7 ♌ 18 4	14 4
3	Su	14 52 6	11 20 46	15 14	13 13 39	4 14	12 47	6 9	19 8 53	11 22
4	M	14 56 2	12 20 53	15 32	25 4 26	3 31	9 51	6 6	1 ♍ 0 53	8 12
5	T	14 59 59	13 21 3	15 51	6 ♍ 58 55	2 39	6 29	6 3	12 59 5	4 41
6	W	15 3 55	14 21 15	16 9	19 2 0	1 39	2 N49	6 0	25 8 11	0 N54
7	Th	15 7 52	15 21 29	16 26	1 ♎ 18 8	0 S34	1 S 2	5 56	7 ♎ 32 15	3 S 0
8	F	15 11 48	16 21 45	16 44	13 50 56	0 N34	4 56	5 53	20 14 25	6 51
9	S	15 15 45	17 22 2	17 1	26 42 53	1 42	8 43	5 50	3 ♏ 16 27	10 29
10	Su	15 19 42	18 22 22	17 18	9 ♏ 55 3	2 46	12 9	5 47	16 38 34	13 41
11	M	15 23 38	19 22 43	17 34	23 26 46	3 43	15 2	5 44	0 ♐ 19 18	16 12
12	T	15 27 35	20 23 6	17 51	7 ♐ 15 44	4 27	17 7	5 41	14 15 34	17 48
13	W	15 31 31	21 23 31	18 6	21 18 14	4 57	18 13	5 37	28 23 8	18 21
14	Th	15 35 28	22 23 57	18 22	5 ♑ 29 41	5 8	18 12	5 34	12 ♑ 37 17	17 45
15	F	15 39 24	23 24 25	18 37	19 45 22	5 1	17 1	5 31	26 53 28	16 2
16	S	15 43 21	24 24 54	18 52	4 ♒ 1 6	4 35	14 48	5 28	11 ♒ 7 56	13 20
17	Su	15 47 17	25 25 24	19 7	18 13 40	3 52	11 41	5 25	25 18 3	9 52
18	M	15 51 14	26 25 56	19 21	2 ♓ 20 55	2 55	7 55	5 22	9 ♓ 22 9	5 51
19	T	15 55 11	27 26 28	19 35	16 21 39	1 48	3 S43	5 18	23 19 21	1 S33
20	W	15 59 7	28 27 2	19 49	0 ♈ 15 10	0 N36	0 N39	5 15	7 ♈ 9 4	2 N49
21	Th	16 3 4	29 ♏ 27 37	20 2	14 0 55	0 S38	4 56	5 12	20 50 38	6 59
22	F	16 7 0	0 ♐ 28 13	20 15	27 38 3	1 49	8 56	5 9	4 ♉ 23 2	10 45
23	S	16 10 57	1 28 51	20 27	11 ♉ 5 23	2 53	12 25	5 6	17 44 54	13 54
24	Su	16 14 53	2 29 30	20 39	24 21 23	3 46	15 12	5 2	0 ♊ 54 39	16 18
25	M	16 18 50	3 30 10	20 51	7 ♊ 24 30	4 26	17 10	4 59	13 50 48	17 48
26	T	16 22 46	4 30 52	21 2	20 13 28	4 52	18 13	4 56	26 32 26	18 24
27	W	16 26 43	5 31 35	21 13	2 ♋ 47 43	5 4	18 21	4 53	8 ♋ 59 26	18 5
28	Th	16 30 40	6 32 19	21 24	15 7 42	5 0	17 36	4 50	21 12 46	16 56
29	F	16 34 36	7 33 5	21 34	27 14 57	4 43	16 4	4 47	3 ♌ 14 36	15 3
30	S	16 38 33	8 ♐ 33 53	21 S44	9 ♌ 12 10	4 S14	13 N52	4 ♎ 43	15 ♌ 8 7	12 N33

D M	Mercury Lat.	Mercury Dec.		Venus Lat.	Venus Dec.		Mars Lat.	Mars Dec.		Jupiter Lat.	Jupiter Dec.
1	0 N22	14 S 9	14 S 46	1 N35	0 N 1	0 S26	1 N37	12 N33	12 N 22	0 S16	23 S 4
3	0 N 9	15 23	15 58	1 38	0 S54	1 21	1 39	12 11	12 0	0 16	23 3
5	0 S 4	16 33	17 7	1 41	1 49	2 17	1 41	11 49	11 38	0 16	23 1
7	0 18	17 40	18 13	1 43	2 44	3 12	1 42	11 27	11 16	0 16	22 59
9	0 31	18 44	19 14	1 45	3 40	4 7	1 44	11 5	10 54	0 16	22 57
11	0 44	19 44	20 12	1 46	4 35	5 2	1 46	10 43	10 32	0 16	22 55
13	0 57	20 40	21 6	1 47	5 30	5 57	1 48	10 21	10 10	0 16	22 52
15	1 9	21 32	21 56	1 48	6 24	6 52	1 49	9 59	9 48	0 17	22 50
17	1 20	22 19	22 42	1 49	7 19	7 46	1 51	9 38	9 27	0 17	22 48
19	1 31	23 3	23 23	1 49	8 13	8 39	1 53	9 16	9 5	0 17	22 45
21	1 41	23 41	23 59	1 49	9 6	9 32	1 55	8 54	8 44	0 17	22 42
23	1 51	24 15	24 30	1 48	9 58	10 24	1 57	8 33	8 23	0 17	22 40
25	1 59	24 44	24 56	1 47	10 50	11 16	1 59	8 12	8 1	0 17	22 37
27	2 6	25 8	25 17	1 46	11 41	12 6	2 1	7 51	7 41	0 17	22 34
29	2 13	25 26	25 S 33	1 45	12 31	12 S55	2 3	7 30	7 N 20	0 17	22 31
31	2 S17	25 S39		1 N43	13 S19		2 N 5	7 N10		0 S18	22 S28

Planetary Longitudes

D/M	☿ Long.	♀ Long.	♂ Long.	♃ Long.	♄ Long.	♅ Long.	♆ Long.	♇ Long.
1	9♏2	3♎37	1♍13	12♑53	1♈29	0♒51	25♑10	2♐5
2	10 40	4 50	1 46	13 3	1R26	0 53	25 11	2 7
3	12 17	6 3	2 19	13 13	1 23	0 54	25 12	2 9
4	13 54	7 16	2 52	13 22	1 20	0 55	25 13	2 12
5	15 30	8 29	3 24	13 32	1 17	0 56	25 13	2 14
6	17 6	9 42	3 57	13 42	1 15	0 58	25 14	2 16
7	18 42	10 55	4 29	13 53	1 12	0 59	25 16	2 19
8	20 17	12 8	5 2	14 3	1 9	1 1	25 17	2 21
9	21 52	13 21	5 34	14 13	1 7	1 2	25 18	2 23
10	23 27	14 34	6 6	14 24	1 4	1 4	25 19	2 25
11	25 1	15 48	6 38	14 34	1 2	1 5	25 20	2 28
12	26 35	17 1	7 9	14 45	1 0	1 7	25 21	2 30
13	28 9	18 14	7 41	14 56	0 58	1 9	25 22	2 32
14	29♏42	19 28	8 12	15 7	0 56	1 10	25 24	2 35
15	1♐15	20 42	8 44	15 18	0 54	1 12	25 25	2 37
16	2 48	21 55	9 15	15 29	0 52	1 14	25 26	2 39
17	4 21	23 9	9 46	15 40	0 50	1 16	25 28	2 42
18	5 53	24 23	10 16	15 52	0 49	1 18	25 29	2 44
19	7 25	25 36	10 47	16 3	0 47	1 20	25 30	2 47
20	8 57	26 50	11 18	16 15	0 46	1 22	25 32	2 49
21	10 29	28 4	11 48	16 26	0 44	1 24	25 33	2 51
22	12 0	29♎18	12 18	16 38	0 43	1 26	25 35	2 54
23	13 31	0♏32	12 48	16 49	0 42	1 28	25 36	2 56
24	15 2	1 46	13 18	17 1	0 41	1 30	25 38	2 58
25	16 33	3 0	13 48	17 13	0 40	1 32	25 39	3 1
26	18 4	4 14	14 17	17 25	0 39	1 35	25 41	3 3
27	19 34	5 29	14 46	17 37	0 38	1 37	25 42	3 6
28	21 4	6 43	15 16	17 49	0 38	1 39	25 44	3 8
29	22 33	7 57	15 45	18 2	0 37	1 42	25 46	3 10
30	24♐2	9♏11	16♍13	18♑14	0♈37	1♒44	25♑47	3♐13

Lunar Aspects

D	☉	☿	♀	♂	♃	♄	♅	♆	♇
1				∠				☍	⚼
2			⚹	⊼		△	☍		△
3	□	□				⚼			
4			∠		⚼				
5			⊼	☌				⚼	□
6	⚹	⚹			△		⚼		
7	∠	∠		⊼		☍	△	△	⚹
8	⊼		☌		□				∠
9		⊼		∠			□	□	⊼
10			⊼	⚹	⚹	⚼			
11	☌	☌			∠			⚹	
12			∠	□		△	⚹	∠	☌
13	⊼		⚹		⊼		∠	⊼	
14	∠	⊼		△		□	⊼		⊼
15	⚹	∠	□	⚼	☌			☌	∠
16		⚹				⚹	☌		⚹
17			△			⊼	∠		
18	□	□			∠	⊼	⊼	⊼	□
19			⚼	☍	⚹	∠	∠	∠	
20	△					☌	⚹	⚹	△
21	⚼	△			□				⚼
22		⚼	☍		⚼		□	□	
23				△	△	∠			
24						⚹		△	
25	☍				⚼		△	⚼	☍
26		☍	⚼	□			⚼		
27			△			□			
28				⚹	☍				⚼
29	⚼						☍	☍	△
30	△	⚼	□						

Saturn · Uranus · Neptune · Pluto

D	Saturn Lat.	Saturn Dec.	Uranus Lat.	Uranus Dec.	Neptune Lat.	Neptune Dec.	Pluto Lat.	Pluto Dec.
1	2S35	1S46	0S35	20S32	0N27	20S40	12N25	8S23
3	2 34	1 48	0 35	20 32	0 27	20 39	12 25	8 25
5	2 34	1 50	0 35	20 31	0 27	20 39	12 24	8 26
7	2 34	1 52	0 35	20 30	0 27	20 39	12 24	8 27
9	2 33	1 54	0 35	20 30	0 27	20 38	12 24	8 28
11	2 33	1 56	0 35	20 29	0 27	20 38	12 23	8 29
13	2 32	1 57	0 35	20 28	0 27	20 38	12 23	8 31
15	2 32	1 58	0 35	20 27	0 27	20 37	12 23	8 32
17	2 32	1 59	0 35	20 26	0 26	20 37	12 22	8 33
19	2 31	2 0	0 35	20 26	0 26	20 36	12 22	8 34
21	2 31	2 1	0 35	20 25	0 26	20 36	12 22	8 35
23	2 30	2 1	0 35	20 24	0 26	20 35	12 22	8 36
25	2 30	2 2	0 35	20 23	0 26	20 35	12 22	8 37
27	2 29	2 2	0 35	20 22	0 26	20 34	12 21	8 38
29	2 29	2 2	0 35	20 21	0 26	20 34	12 21	8 39
31	2S29	2S 2	0S34	20S19	0N26	20S33	12N21	8S40

Mutual Aspects

1 ☉☌☿. ♂▽♄. ♂±♆.
2 ☿⊥♀.
3 ♂□♇. ☉P☿.
4 ☿⚹♃. ☿Q♆.
5 ☉⚹♃. ☉Q♆. ☿Q♂.
6 ♀⊥♂.
7 ☿Q♅.
8 ☉□♄.
9 ☉Q♂.
10 ♀□♃. ♄⚹♅.
11 ☉Q♅. ☿⚹♆.
12 ♀∠♇. ♂±♅.
13 ☿P♅. ☿P♆.
14 ☿∠♃.
15 ☿△♄. ☿⚹♅.
16 ☿☌♇.
17 ☉⚹♆.
18 ♂□♆. ☿P♃.
19 ♀∠♂. ☿□♆.
20 ♀⊥♇. ♀P♇.
21 ☿⊥♃. ☿∠♆. ♀P♂.
22 ☉△♄. ☿□♂.
23 ☉∠♃. ☉⚹♅. ♀▽♄. ☉P♅. ♂P♇.
24 ☉☌♇. ♀□♅. ☉P♆.
25 ☿∠♅. ♀⌵♇.
26 ☿⌵♃.
27 ☉⌵♃. ☿⊥♆. ♀Q♃.
28 ♀±♄.
30 ♃∠♇.

D M	D W	Sidereal Time (H. M. S.)	☉ Long.	☉ Dec.	☽ Long.	☽ Lat.	☽ Dec.	☽ Node	Midnight ☽ Long.	☽ Dec.
1	Su	16 42 29	9 ♐ 34 41	21 S 53	21 ♌ 3 2	3 S 34	11 N 6	4 ♎ 40	26 ♌ 57 30	9 N 32
2	M	16 46 26	10 35 32	22 2	2 ♍ 52 8	2 45	7 53	4 37	8 ♍ 47 35	6 9
3	T	16 50 22	11 36 23	22 10	14 44 34	1 49	4 20	4 34	20 43 44	2 N 28
4	W	16 54 19	12 37 16	22 18	26 45 47	0 S 47	0 N 34	4 31	2 ♎ 51 25	1 S 21
5	Th	16 58 15	13 38 10	22 26	9 ♎ 1 14	0 N 18	3 S 18	4 27	15 15 53	5 13
6	F	17 2 12	14 39 6	22 33	21 35 52	1 24	7 7	4 24	28 1 41	8 58
7	S	17 6 9	15 40 2	22 40	4 ♏ 33 39	2 28	10 43	4 21	11 ♏ 12 2	12 23
8	Su	17 10 5	16 41 0	22 46	17 56 56	3 25	13 54	4 18	24 48 16	15 15
9	M	17 14 2	17 41 59	22 52	1 ♐ 45 50	4 12	16 24	4 15	8 ♐ 49 12	17 19
10	T	17 17 58	18 43 0	22 57	15 57 48	4 45	17 59	4 12	23 10 55	18 21
11	W	17 21 55	19 44 1	23 2	0 ♑ 27 41	5 0	18 26	4 8	7 ♑ 47 8	18 12
12	Th	17 25 51	20 45 3	23 7	15 8 16	4 56	17 40	4 5	22 30 5	16 51
13	F	17 29 48	21 46 5	23 11	29 51 34	4 33	15 44	4 2	7 ≈ 11 50	14 22
14	S	17 33 44	22 47 8	23 14	14 ≈ 30 5	3 51	12 48	3 59	21 45 39	11 1
15	Su	17 37 41	23 48 12	23 18	28 58 1	2 55	9 6	3 56	6 ♓ 6 49	7 3
16	M	17 41 38	24 49 16	23 20	13 ♓ 11 49	1 49	4 55	3 53	20 12 54	2 S 45
17	T	17 45 34	25 50 20	23 22	27 10 4	0 N 38	0 S 33	3 49	4 ♈ 3 23	1 N 38
18	W	17 49 31	26 51 24	23 24	10 ♈ 52 58	0 S 35	3 N 46	3 46	17 38 59	5 51
19	Th	17 53 27	27 52 29	23 25	24 21 39	1 44	7 50	3 43	1 ♉ 1 6	9 42
20	F	17 57 24	28 53 34	23 26	7 ♉ 37 32	2 46	11 26	3 40	14 11 4	13 0
21	S	18 1 20	29 ♐ 54 39	23 26	20 41 49	3 39	14 24	3 37	27 9 52	15 37
22	Su	18 5 17	0 ♑ 55 45	23 26	3 ♊ 35 17	4 19	16 37	3 33	9 ♊ 58 3	17 25
23	M	18 9 13	1 56 51	23 25	16 18 11	4 46	17 59	3 30	22 35 40	18 20
24	T	18 13 10	2 57 58	23 24	28 50 30	4 59	18 27	3 27	5 ♋ 2 40	18 21
25	W	18 17 7	3 59 5	23 23	11 ♋ 12 12	4 57	18 2	3 24	17 19 7	17 31
26	Th	18 21 3	5 0 12	23 21	23 23 32	4 41	16 47	3 21	29 25 34	15 53
27	F	18 25 0	6 1 19	23 18	5 ♌ 25 25	4 13	14 49	3 18	11 ♌ 23 18	13 36
28	S	18 28 56	7 2 27	23 15	17 19 32	3 34	12 14	3 14	23 14 29	10 45
29	Su	18 32 53	8 3 35	23 12	29 8 34	2 46	9 10	3 11	5 ♍ 2 14	7 30
30	M	18 36 49	9 4 44	23 8	10 ♍ 56 3	1 51	5 45	3 8	16 50 35	3 56
31	T	18 40 46	10 ♑ 5 53	23 S 3	22 ♍ 46 26	0 S 51	2 N 5	3 ♎ 5	28 ♍ 44 16	0 N 12

D M	Mercury Lat.	Mercury Dec.	Mercury Dec.	Venus Lat.	Venus Dec.	Venus Dec.	Mars Lat.	Mars Dec.	Mars Dec.	Jupiter Lat.	Jupiter Dec.
1	2 S 17	25 S 39	25 S 43	1 N 43	13 S 19	13 S 43	2 N 5	7 N 10	7 N 0	0 S 18	22 S 28
3	2 20	25 46	25 48	1 41	14 7	14 30	2 7	6 50	6 40	0 18	22 24
5	2 22	25 48	25 46	1 38	14 53	15 15	2 9	6 30	6 20	0 18	22 21
7	2 21	25 43	25 39	1 36	15 38	15 59	2 11	6 10	6 0	0 18	22 17
9	2 18	25 33	25 26	1 33	16 21	16 42	2 13	5 51	5 41	0 18	22 14
11	2 12	25 18	25 8	1 30	17 2	17 22	2 15	5 32	5 22	0 18	22 10
13	2 3	24 57	24 45	1 26	17 42	18 1	2 17	5 13	5 4	0 18	22 6
15	1 51	24 31	24 17	1 23	18 20	18 38	2 19	4 55	4 46	0 19	22 2
17	1 35	24 2	23 46	1 19	18 56	19 13	2 21	4 37	4 29	0 19	21 58
19	1 14	23 29	23 12	1 15	19 30	19 46	2 24	4 20	4 12	0 19	21 54
21	0 48	22 55	22 38	1 11	20 1	20 16	2 26	4 3	3 55	0 19	21 50
23	0 S 17	22 21	22 4	1 7	20 31	20 45	2 28	3 47	3 39	0 19	21 45
25	0 N 18	21 48	21 33	1 2	20 58	21 11	2 31	3 31	3 23	0 19	21 41
27	0 56	21 18	21 5	0 58	21 23	21 34	2 33	3 16	3 8	0 20	21 36
29	1 36	20 53	20 S 42	0 53	21 45	21 S 55	2 35	3 1	2 N 54	0 20	21 31
31	2 N 12	20 S 32		0 N 48	22 S 5		2 N 38	2 N 47		0 S 20	21 S 27

D M	☿ Long.	♀ Long.	♂ Long.	♃ Long.	♄ Long.	♅ Long.	♆ Long.	♇ Long.
1	25♐31	10♏26	16♍42	18♑26	0♈37	1♒46	25♑49	3♐15
2	26 59	11 40	17 10	18 39	0R37	1 49	25 51	3 17
3	28 27	12 55	17 38	18 51	0 37	1 51	25 52	3 20
4	29♐54	14 9	18 6	19 4	0D37	1 54	25 54	3 22
5	1♑20	15 24	18 34	19 16	0 37	1 57	25 56	3 24
6	2 45	16 38	19 2	19 29	0 37	1 59	25 58	3 27
7	4 9	17 53	19 29	19 42	0 37	2 2	26 0	3 29
8	5 31	19 7	19 56	19 55	0 38	2 5	26 1	3 32
9	6 52	20 22	20 23	20 8	0 38	2 7	26 3	3 34
10	8 12	21 37	20 49	20 20	0 39	2 10	26 5	3 36
11	9 29	22 51	21 16	20 33	0 40	2 13	26 7	3 38
12	10 44	24 6	21 42	20 47	0 41	2 16	26 9	3 41
13	11 56	25 21	22 8	21 0	0 42	2 19	26 11	3 43
14	13 5	26 36	22 33	21 13	0 43	2 21	26 13	3 45
15	14 11	27 50	22 59	21 26	0 44	2 24	26 15	3 48
16	15 11	29♏5	23 24	21 39	0 46	2 27	26 17	3 50
17	16 7	0♐20	23 49	21 53	0 47	2 30	26 19	3 52
18	16 57	1 35	24 13	22 6	0 49	2 33	26 21	3 54
19	17 41	2 50	24 37	22 19	0 50	2 36	26 23	3 57
20	18 17	4 5	25 1	22 33	0 52	2 39	26 25	3 59
21	18 45	5 20	25 25	22 46	0 54	2 42	26 27	4 1
22	19 4	6 34	25 48	23 0	0 56	2 46	26 29	4 3
23	19 13	7 49	26 11	23 13	0 58	2 49	26 31	4 5
24	19R11	9 4	26 34	23 27	1 0	2 52	26 33	4 8
25	18 58	10 19	26 57	23 41	1 3	2 55	26 36	4 10
26	18 32	11 34	27 19	23 54	1 5	2 58	26 38	4 12
27	17 55	12 49	27 41	24 8	1 8	3 1	26 40	4 14
28	17 7	14 4	28 2	24 22	1 10	3 5	26 42	4 16
29	16 8	15 19	28 23	24 36	1 13	3 8	26 44	4 18
30	15 1	16 34	28 44	24 49	1 16	3 11	26 46	4 20
31	13♑46	17♐49	29♍4	25♑3	1♈19	3♒15	26♑49	4♐22

Lunar Aspects

D M	☉	☿	♀	♂	♃	♄	♅	♆	♇
1		△		⊼		□			
2					□				□
3	□		⚹	☌	△		□	□	
4		□	∠			☍	△	△	
5	⚹								⚹
6			⊼	⊼	□			□	∠
7	∠	⚹					□		⊼
8	⊼	∠	☌	⚹	⚹	□			
9		⊼		∠		△	⚹	⚹	☌
10	☌		⊼	□	⊼		∠	∠	
11					□		⊼	⊼	⊼
12	⊼	☌	∠	△	☌				⊼
13			⚹				⚹	☌	⚹
14	∠	⊼			□	⊼	∠		
15	⚹	∠	□				⊼	⊼	□
16		⚹			∠		∠	∠	
17	□		△	☍	⚹	☌	⚹	⚹	△
18	□		□						
19	△		Q	☍	⚹	☌	⚹	⚹	△
20			Q						□
21	Q	△		△	△	∠		△	
22	Q	☍			Q	⚹	△		☍
23	△				□	⊼		□	Q
24	☍			□		□			
25				Q					
26		☍	Q	⚹	☍			☍	Q
27						△	☍		△
28	Q	△	∠		Q				Q
29		Q	⊼				△	Q	
30	△	△			Q			Q	□
31			□		△		Q	△	

D M	Saturn Lat.	Saturn Dec.	Uranus Lat.	Uranus Dec.	Neptune Lat.	Neptune Dec.	Pluto Lat.	Pluto Dec.
1	2S29	2S 2	0S34	20S19	0N26	20S33	12N21	8S40
3	2 28	2 1	0 34	20 18	0 26	20 33	12 21	8 41
5	2 28	2 1	0 34	20 17	0 26	20 32	12 21	8 42
7	2 27	2 0	0 34	20 16	0 26	20 31	12 21	8 42
9	2 27	1 59	0 34	20 15	0 26	20 31	12 21	8 43
11	2 26	1 58	0 34	20 13	0 26	20 30	12 21	8 44
13	2 26	1 57	0 34	20 12	0 26	20 29	12 21	8 45
15	2 25	1 56	0 34	20 11	0 26	20 29	12 22	8 45
17	2 25	1 54	0 34	20 9	0 26	20 28	12 22	8 46
19	2 24	1 52	0 34	20 8	0 26	20 27	12 22	8 47
21	2 24	1 50	0 34	20 6	0 26	20 26	12 22	8 47
23	2 23	1 48	0 34	20 5	0 26	20 26	12 22	8 48
25	2 23	1 46	0 34	20 4	0 26	20 25	12 22	8 48
27	2 22	1 44	0 34	20 2	0 26	20 24	12 23	8 49
29	2 22	1 41	0 34	20 1	0 26	20 23	12 23	8 49
31	2S22	1S39	0S34	19S59	0N26	20S22	12N23	8S49

Mutual Aspects

1 ☿∠♀. ☿⊥♅. ☿⚻♆. ♂□♅.
2 ☉∠♆. ♃Q♄.
3 ♄Stat.
4 ♀Q♆. ☉P♃.
5 ☉⊥♃. ☿□♄. ☿⚻♅. ♀Q♄.
7 ☿⚻♇.
8 ☉∠♅. ♂△♃.
9 ♀⚹♂. ♀⚹♃. ♀Q♅.
11 ☉⊥♆. ☿⊥♇.
12 ☉⚻♃. ♀Q♇.
14 ☉□♂. ♀⚹♆.
17 ☉⚻♆. ♀△♄.
18 ☉⊥♅.
19 ☿∠♀. ♀⚹♅. ☉P☿.
20 ☿☌♇.
21 ☿Q♄. ♀P♅.
22 ☉□♄. ☿∠♇.
23 ♀Q♂. ♀∠♃. ♀P♆. ☿Stat.
24 ☉⚻♅. ☿∠♇. ♂△♆.
25 ☉⚹♇. ☿Q♄.
26 ☉⚻♆. ☿∠♃.
27 ☿⊥♇. ☿P♀.
28 ♀P♃.
31 ☉⊥♇. ♀∠♅.
29 ☿⚻♀.

JANUARY

D	☉ ° ′ ″	☽ ° ′ ″	☽Dec. ° ′	☿ ° ′	♀ ° ′	♂ ′
1	1 01 09	12 00 17	1 45	1 05	1 14	47
2	1 01 09	11 55 23	0 57	1 00	1 14	47
3	1 01 09	11 52 56	0 07	0 54	1 14	47
4	1 01 09	11 52 16	0 43	0 47	1 14	47
5	1 01 08	11 52 59	1 30	0 39	1 14	47
6	1 01 08	11 54 54	2 13	0 30	1 14	47
7	1 01 08	11 58 07	2 50	0 21	1 14	47
8	1 01 08	12 03 01	3 20	0 10	1 13	47
9	1 01 08	12 10 09	3 42	0 01	1 13	47
10	1 01 08	12 20 14	3 57	0 13	1 13	47
11	1 01 08	12 33 54	4 03	0 25	1 13	47
12	1 01 08	12 51 38	4 00	0 36	1 13	47
13	1 01 08	13 13 30	3 45	0 47	1 13	47
14	1 01 08	13 38 55	3 16	0 57	1 13	47
15	1 01 08	14 06 27	2 32	1 06	1 13	47
16	1 01 08	14 33 39	1 32	1 12	1 13	47
17	1 01 07	14 57 10	0 18	1 16	1 13	47
18	1 01 07	15 13 20	1 02	1 18	1 13	47
19	1 01 06	15 19 08	2 18	1 18	1 13	47
20	1 01 06	15 13 14	3 22	1 15	1 13	47
21	1 01 05	14 56 28	4 05	1 10	1 13	47
22	1 01 04	14 31 34	4 27	1 03	1 13	47
23	1 01 03	14 02 15	4 31	0 56	1 13	47
24	1 01 02	13 32 07	4 18	0 47	1 13	47
25	1 01 01	13 04 02	3 54	0 38	1 12	47
26	1 01 00	12 39 52	3 22	0 29	1 12	47
27	1 00 59	12 20 35	2 43	0 20	1 12	47
28	1 00 58	12 06 25	1 59	0 12	1 12	47
29	1 00 56	11 57 08	1 12	0 03	1 12	47
30	1 00 55	11 52 09	0 22	0 04	1 12	47
31	1 00 54	11 50 47	0 27	0 12	1 12	47

FEBRUARY

D	☉ ° ′ ″	☽ ° ′ ″	☽Dec. ° ′	☿ ° ′	♀ ° ′	♂ ′
1	1 00 53	11 52 13	1 15	0 18	1 12	47
2	1 00 52	11 55 43	1 59	0 24	1 12	47
3	1 00 50	12 00 42	2 39	0 30	1 12	47
4	1 00 49	12 06 47	3 11	0 35	1 12	47
5	1 00 48	12 13 49	3 37	0 40	1 11	47
6	1 00 47	12 21 59	3 53	0 44	1 11	47
7	1 00 46	12 31 38	4 01	0 48	1 11	47
8	1 00 45	12 43 16	3 59	0 52	1 11	47
9	1 00 44	12 57 23	3 46	0 55	1 11	47
10	1 00 43	13 14 15	3 21	0 58	1 11	47
11	1 00 42	13 33 45	2 42	1 01	1 11	47
12	1 00 41	13 55 07	1 50	1 03	1 11	47
13	1 00 40	14 16 50	0 46	1 06	1 11	47
14	1 00 39	14 36 38	0 27	1 08	1 10	47
15	1 00 37	14 51 45	1 41	1 10	1 10	47
16	1 00 36	14 59 33	2 49	1 12	1 10	47
17	1 00 35	14 58 16	3 42	1 14	1 10	47
18	1 00 33	14 47 37	4 18	1 15	1 10	47
19	1 00 31	14 28 52	4 33	1 17	1 10	47
20	1 00 30	14 04 32	4 29	1 19	1 10	47
21	1 00 28	13 37 35	4 11	1 20	1 09	47
22	1 00 26	13 10 48	3 40	1 21	1 09	47
23	1 00 24	12 46 23	3 01	1 23	1 09	47
24	1 00 22	12 25 49	2 16	1 24	1 09	47
25	1 00 20	12 09 55	1 28	1 25	1 09	47
26	1 00 18	11 58 59	0 38	1 26	1 09	47
27	1 00 16	11 52 55	0 11	1 28	1 08	47
28	1 00 14	11 51 20	0 59	1 29	1 08	47
29	1 00 12	11 53 39	1 44	1 30	1 08	47

MARCH

D	☉ ° ′ ″	☽ ° ′ ″	☽Dec. ° ′	☿ ° ′	♀ ° ′	♂ ′
1	1 00 10	11 59 09	2 25	1 31	1 08	47
2	1 00 08	12 07 07	3 01	1 32	1 08	47
3	1 00 07	12 16 47	3 29	1 33	1 07	47
4	1 00 05	12 27 34	3 50	1 34	1 07	47
5	1 00 03	12 38 58	4 01	1 35	1 07	47
6	1 00 01	12 50 45	4 02	1 36	1 07	47
7	0 59 59	13 02 50	3 51	1 38	1 07	47
8	0 59 58	13 15 18	3 28	1 39	1 06	47
9	0 59 56	13 28 14	2 51	1 40	1 06	47
10	0 59 54	13 41 36	2 02	1 41	1 06	47
11	0 59 53	13 55 06	1 02	1 42	1 06	47
12	0 59 51	14 08 04	0 05	1 43	1 05	47
13	0 59 49	14 19 27	1 15	1 44	1 05	47
14	0 59 48	14 27 52	2 20	1 46	1 05	47
15	0 59 46	14 31 54	3 16	1 47	1 05	47
16	0 59 44	14 30 26	3 58	1 48	1 04	47
17	0 59 42	14 22 59	4 22	1 49	1 04	47
18	0 59 40	14 09 50	4 29	1 51	1 04	47
19	0 59 38	13 52 05	4 19	1 52	1 03	47
20	0 59 36	13 31 21	3 55	1 53	1 03	47
21	0 59 34	13 09 29	3 20	1 54	1 03	47
22	0 59 32	12 48 17	2 36	1 55	1 03	47
23	0 59 30	12 29 16	1 48	1 57	1 02	47
24	0 59 27	12 13 35	0 57	1 58	1 02	47
25	0 59 25	12 02 01	0 06	1 59	1 01	47
26	0 59 23	11 55 00	0 43	2 00	1 01	47
27	0 59 20	11 52 40	1 29	2 01	1 01	47
28	0 59 18	11 54 54	2 11	2 02	1 00	47
29	0 59 16	12 01 22	2 48	2 03	1 00	47
30	0 59 13	12 11 30	3 19	2 03	0 59	47
31	0 59 11	12 24 34	3 43	2 04	0 59	46

APRIL

D	☉ ° ′ ″	☽ ° ′ ″	☽Dec. ° ′	☿ ° ′	♀ ° ′	♂ ′
1	0 59 09	12 39 42	3 59	2 04	0 59	46
2	0 59 07	12 55 55	4 05	2 04	0 58	46
3	0 59 05	13 12 13	3 59	2 03	0 58	46
4	0 59 03	13 27 40	3 39	2 03	0 57	46
5	0 59 01	13 41 28	3 05	2 02	0 57	46
6	0 58 59	13 53 02	2 17	2 01	0 56	46
7	0 58 57	14 02 05	1 17	1 59	0 55	46
8	0 58 56	14 08 27	0 10	1 57	0 55	46
9	0 58 54	14 12 13	0 59	1 55	0 54	46
10	0 58 52	14 13 26	2 03	1 52	0 54	46
11	0 58 50	14 12 13	2 59	1 49	0 53	46
12	0 58 49	14 08 32	3 41	1 46	0 52	46
13	0 58 47	14 02 23	4 09	1 42	0 52	46
14	0 58 45	13 53 42	4 22	1 38	0 51	46
15	0 58 43	13 42 34	4 19	1 34	0 50	46
16	0 58 41	13 29 13	4 03	1 29	0 50	46
17	0 58 40	13 14 08	3 33	1 25	0 49	46
18	0 58 38	12 58 03	2 54	1 20	0 48	46
19	0 58 36	12 41 52	2 07	1 15	0 47	46
20	0 58 34	12 26 34	1 16	1 10	0 46	46
21	0 58 32	12 13 11	0 24	1 05	0 45	46
22	0 58 29	12 02 37	0 27	1 00	0 44	46
23	0 58 27	11 55 39	1 14	0 55	0 43	46
24	0 58 25	11 52 52	1 57	0 49	0 42	46
25	0 58 23	11 54 40	2 35	0 44	0 41	45
26	0 58 21	12 01 10	3 07	0 38	0 40	45
27	0 58 19	12 12 17	3 33	0 33	0 39	45
28	0 58 17	12 27 37	3 53	0 27	0 38	45
29	0 58 15	12 46 22	4 03	0 21	0 37	45
30	0 58 13	13 07 28	4 03	0 16	0 35	45

MAY — JUNE

	MAY							JUNE					
D	☉	)	)Dec.	☿	♀	♂	D	☉	)	)Dec.	☿	♀	♂
1	0 58 11	13 29 21	3 51	0 10	0 34	45	1	0 57 27	14 45 39	1 03	0 23	0 29	44
2	0 58 09	13 50 16	3 23	0 05	0 33	45	2	0 57 27	14 55 43	0 13	0 28	0 31	43
3	0 58 08	14 08 19	2 39	0 00	0 31	45	3	0 57 26	14 56 42	1 29	0 32	0 33	43
4	0 58 06	14 21 49	1 41	0 05	0 30	45	4	0 57 25	14 49 02	2 36	0 36	0 34	43
5	0 58 04	14 29 39	0 32	0 10	0 28	45	5	0 57 24	14 34 30	3 27	0 40	0 35	43
6	0 58 03	14 31 28	0 41	0 15	0 27	45	6	0 57 24	14 15 39	4 01	0 44	0 36	43
7	0 58 02	14 27 45	1 50	0 19	0 25	45	7	0 57 23	13 55 03	4 18	0 48	0 37	43
8	0 58 00	14 19 40	2 48	0 23	0 23	45	8	0 57 22	13 34 48	4 20	0 52	0 37	43
9	0 57 59	14 08 37	3 33	0 26	0 21	45	9	0 57 22	13 16 14	4 09	0 55	0 38	43
10	0 57 58	13 56 00	4 02	0 29	0 20	45	10	0 57 21	13 00 00	3 46	0 59	0 38	43
11	0 57 56	13 42 51	4 17	0 32	0 18	45	11	0 57 21	12 46 10	3 15	1 02	0 37	43
12	0 57 55	13 29 50	4 17	0 34	0 16	45	12	0 57 21	12 34 27	2 35	1 06	0 37	43
13	0 57 54	13 17 12	4 05	0 35	0 14	45	13	0 57 20	12 24 24	1 49	1 09	0 36	43
14	0 57 52	13 04 55	3 41	0 35	0 12	45	14	0 57 19	12 15 36	0 59	1 13	0 35	43
15	0 57 51	12 52 52	3 06	0 35	0 10	44	15	0 57 19	12 07 49	0 08	1 16	0 34	43
16	0 57 50	12 40 58	2 23	0 35	0 07	44	16	0 57 18	12 01 01	0 42	1 19	0 33	43
17	0 57 48	12 29 18	1 35	0 34	0 05	44	17	0 57 18	11 55 29	1 29	1 22	0 31	43
18	0 57 47	12 18 12	0 43	0 32	0 03	44	18	0 57 17	11 51 41	2 10	1 26	0 30	43
19	0 57 45	12 08 09	0 09	0 29	0 01	44	19	0 57 16	11 50 17	2 45	1 29	0 28	43
20	0 57 44	11 59 52	0 58	0 27	0 02	44	20	0 57 16	11 52 02	3 14	1 32	0 26	42
21	0 57 42	11 54 05	1 43	0 23	0 04	44	21	0 57 15	11 57 41	3 35	1 35	0 24	42
22	0 57 41	11 51 36	2 23	0 20	0 07	44	22	0 57 14	12 07 53	3 50	1 38	0 22	42
23	0 57 39	11 53 06	2 56	0 16	0 09	44	23	0 57 14	12 23 04	3 57	1 41	0 20	42
24	0 57 38	11 59 11	3 23	0 12	0 11	44	24	0 57 13	12 43 19	3 55	1 44	0 17	42
25	0 57 36	12 10 10	3 44	0 08	0 14	44	25	0 57 13	13 08 10	3 42	1 47	0 15	42
26	0 57 35	12 26 07	3 57	0 04	0 16	44	26	0 57 12	13 36 27	3 16	1 50	0 13	42
27	0 57 33	12 46 41	4 02	0 01	0 19	44	27	0 57 12	14 06 05	2 34	1 53	0 10	42
28	0 57 32	13 10 59	3 56	0 05	0 21	44	28	0 57 11	14 34 06	1 36	1 55	0 08	42
29	0 57 31	13 37 29	3 37	0 10	0 23	44	29	0 57 11	14 56 58	0 24	1 58	0 05	42
30	0 57 30	14 03 57	3 02	0 14	0 25	44	30	0 57 11	15 11 22	0 55	2 00	0 03	42
31	0 57 28	14 27 37	2 10	0 19	0 27	44							

JULY — AUGUST

	JULY							AUGUST					
D	☉	)	)Dec.	☿	♀	♂	D	☉	)	)Dec.	☿	♀	♂
1	0 57 11	15 15 05	2 10	2 02	0 01	42	1	0 57 24	14 39 30	4 33	1 36	0 46	40
2	0 57 11	15 07 50	3 13	2 04	0 02	42	2	0 57 25	14 12 43	4 30	1 35	0 47	40
3	0 57 11	14 51 16	3 57	2 06	0 04	42	3	0 57 26	13 44 35	4 11	1 33	0 48	40
4	0 57 11	14 28 24	4 21	2 07	0 06	42	4	0 57 27	13 17 43	3 40	1 31	0 49	40
5	0 57 11	14 02 37	4 27	2 08	0 08	42	5	0 57 29	12 53 54	3 01	1 29	0 50	40
6	0 57 12	13 36 51	4 18	2 09	0 10	42	6	0 57 30	12 34 02	2 16	1 28	0 50	40
7	0 57 12	13 13 11	3 56	2 10	0 13	41	7	0 57 31	12 18 24	1 28	1 26	0 51	40
8	0 57 13	12 52 46	3 25	2 10	0 15	41	8	0 57 33	12 06 49	0 37	1 24	0 52	40
9	0 57 13	12 36 00	2 46	2 10	0 17	41	9	0 57 34	11 58 51	0 13	1 22	0 52	40
10	0 57 14	12 22 45	2 02	2 09	0 18	41	10	0 57 35	11 53 57	1 00	1 21	0 53	40
11	0 57 14	12 12 33	1 14	2 09	0 20	41	11	0 57 36	11 51 33	1 45	1 19	0 53	39
12	0 57 14	12 04 51	0 23	2 08	0 22	41	12	0 57 38	11 51 11	2 24	1 17	0 54	39
13	0 57 15	11 59 06	0 27	2 07	0 24	41	13	0 57 39	11 52 34	2 56	1 15	0 55	39
14	0 57 15	11 54 53	1 14	2 06	0 25	41	14	0 57 40	11 55 37	3 22	1 13	0 55	39
15	0 57 15	11 52 04	1 57	2 05	0 27	41	15	0 57 41	12 00 26	3 39	1 11	0 56	39
16	0 57 16	11 50 42	2 35	2 03	0 28	41	16	0 57 42	12 07 21	3 49	1 09	0 56	39
17	0 57 16	11 51 08	3 05	2 02	0 30	41	17	0 57 44	12 16 47	3 50	1 06	0 57	39
18	0 57 16	11 53 54	3 28	2 00	0 31	41	18	0 57 45	12 29 13	3 42	1 04	0 57	39
19	0 57 17	11 59 40	3 44	1 59	0 33	41	19	0 57 46	12 45 00	3 24	1 02	0 57	39
20	0 57 17	12 09 06	3 52	1 57	0 34	41	20	0 57 47	13 04 14	2 54	0 59	0 58	39
21	0 57 17	12 22 47	3 51	1 55	0 35	41	21	0 57 48	13 26 34	2 12	0 56	0 58	39
22	0 57 18	12 41 06	3 42	1 53	0 36	41	22	0 57 49	13 51 02	1 18	0 53	0 59	39
23	0 57 18	13 03 56	3 21	1 52	0 38	41	23	0 57 51	14 15 52	0 13	0 50	0 59	39
24	0 57 18	13 30 36	2 48	1 50	0 39	40	24	0 57 52	14 38 38	0 59	0 47	1 00	39
25	0 57 19	13 59 32	1 59	1 48	0 40	40	25	0 57 53	14 56 27	2 10	0 44	1 00	39
26	0 57 19	14 28 12	0 57	1 46	0 41	40	26	0 57 54	15 06 37	3 13	0 40	1 00	39
27	0 57 20	14 53 17	0 17	1 45	0 42	40	27	0 57 56	15 07 23	4 01	0 36	1 01	38
28	0 57 20	15 11 12	1 34	1 43	0 43	40	28	0 57 57	14 58 28	4 29	0 32	1 01	38
29	0 57 21	15 19 04	2 45	1 41	0 44	40	29	0 57 59	14 41 07	4 36	0 27	1 01	38
30	0 57 22	15 15 37	3 41	1 40	0 45	40	30	0 58 01	14 17 47	4 25	0 23	1 02	38
31	0 57 23	15 01 35	4 18	1 38	0 46	40	31	0 58 03	13 51 19	3 58	0 18	1 02	38

SEPTEMBER

D	☉	☽	☽Dec.	☿	♀	♂
1	0 58 04	13 24 26	3 20	0 13	1 02	38
2	0 58 06	12 59 18	2 35	0 07	1 03	38
3	0 58 08	12 37 25	1 45	0 01	1 03	38
4	0 58 10	12 19 36	0 53	0 05	1 03	38
5	0 58 12	12 06 12	0 02	0 11	1 04	38
6	0 58 14	11 57 10	0 47	0 17	1 04	38
7	0 58 16	11 52 12	1 32	0 24	1 04	38
8	0 58 18	11 50 51	2 12	0 30	1 04	38
9	0 58 20	11 52 36	2 47	0 37	1 05	38
10	0 58 22	11 56 54	3 15	0 43	1 05	38
11	0 58 24	12 03 17	3 35	0 48	1 05	37
12	0 58 26	12 11 23	3 48	0 53	1 05	37
13	0 58 28	12 20 59	3 52	0 58	1 06	37
14	0 58 30	12 32 00	3 45	1 01	1 06	37
15	0 58 31	12 44 25	3 29	1 03	1 06	37
16	0 58 33	12 58 19	3 01	1 03	1 06	37
17	0 58 35	13 13 43	2 21	1 02	1 06	37
18	0 58 36	13 30 25	1 31	1 00	1 07	37
19	0 58 38	13 47 56	0 31	0 56	1 07	37
20	0 58 40	14 05 23	0 36	0 50	1 07	37
21	0 58 41	14 21 28	1 43	0 43	1 07	37
22	0 58 43	14 34 31	2 45	0 35	1 07	37
23	0 58 45	14 42 50	3 37	0 27	1 08	37
24	0 58 47	14 45 01	4 13	0 17	1 08	37
25	0 58 48	14 40 17	4 32	0 07	1 08	36
26	0 58 50	14 28 45	4 31	0 03	1 08	36
27	0 58 52	14 11 27	4 13	0 13	1 08	36
28	0 58 55	13 50 05	3 41	0 23	1 09	36
29	0 58 57	13 26 40	2 57	0 33	1 09	36
30	0 58 59	13 03 14	2 06	0 42	1 09	36

OCTOBER

D	☉	☽	☽Dec.	☿	♀	♂
1	0 59 01	12 41 30	1 13	0 50	1 09	36
2	0 59 04	12 22 49	0 19	0 58	1 09	36
3	0 59 06	12 08 06	0 32	1 05	1 09	36
4	0 59 08	11 57 51	1 18	1 11	1 09	36
5	0 59 10	11 52 15	2 00	1 17	1 10	36
6	0 59 13	11 51 13	2 36	1 22	1 10	36
7	0 59 15	11 54 24	3 06	1 26	1 10	36
8	0 59 17	12 01 21	3 29	1 30	1 10	35
9	0 59 19	12 11 24	3 45	1 33	1 10	35
10	0 59 21	12 23 49	3 53	1 36	1 10	35
11	0 59 24	12 37 47	3 51	1 38	1 10	35
12	0 59 26	12 52 29	3 38	1 39	1 11	35
13	0 59 28	13 07 10	3 12	1 40	1 11	35
14	0 59 30	13 21 12	2 34	1 41	1 11	35
15	0 59 32	13 34 08	1 45	1 42	1 11	35
16	0 59 33	13 45 40	0 45	1 43	1 11	35
17	0 59 35	13 55 41	0 20	1 43	1 11	35
18	0 59 37	14 04 04	1 25	1 43	1 11	35
19	0 59 39	14 10 43	2 26	1 43	1 11	34
20	0 59 40	14 15 22	3 18	1 43	1 11	34
21	0 59 42	14 17 35	3 56	1 43	1 12	34
22	0 59 44	14 16 53	4 20	1 42	1 12	34
23	0 59 45	14 12 41	4 27	1 42	1 12	34
24	0 59 47	14 04 39	4 19	1 41	1 12	34
25	0 59 49	13 52 44	3 54	1 41	1 12	34
26	0 59 51	13 37 24	3 17	1 41	1 12	34
27	0 59 53	13 19 31	2 29	1 40	1 12	34
28	0 59 55	13 00 22	1 36	1 40	1 12	33
29	0 59 57	12 41 21	0 41	1 39	1 12	33
30	0 59 59	12 23 54	0 13	1 39	1 12	33
31	1 00 01	12 09 15	1 03	1 38	1 13	33

NOVEMBER

D	☉	☽	☽Dec.	☿	♀	♂
1	1 00 04	11 58 26	1 47	1 38	1 13	33
2	1 00 06	11 52 08	2 25	1 37	1 13	33
3	1 00 08	11 50 47	2 56	1 37	1 13	33
4	1 00 10	11 54 29	3 22	1 36	1 13	33
5	1 00 12	12 03 05	3 40	1 36	1 13	33
6	1 00 14	12 16 08	3 51	1 36	1 13	32
7	1 00 16	12 32 48	3 54	1 35	1 13	32
8	1 00 18	12 51 58	3 46	1 35	1 13	32
9	1 00 20	13 12 10	3 27	1 35	1 13	32
10	1 00 21	13 31 43	2 53	1 34	1 13	32
11	1 00 23	13 48 58	2 05	1 34	1 13	32
12	1 00 25	14 02 30	1 06	1 34	1 13	32
13	1 00 26	14 11 27	0 02	1 33	1 14	31
14	1 00 28	14 15 41	1 10	1 33	1 14	31
15	1 00 29	14 15 44	2 14	1 33	1 14	31
16	1 00 30	14 12 33	3 07	1 33	1 14	31
17	1 00 31	14 07 15	3 46	1 32	1 14	31
18	1 00 33	14 00 44	4 12	1 32	1 14	31
19	1 00 34	13 53 32	4 22	1 32	1 14	30
20	1 00 35	13 45 44	4 18	1 32	1 14	30
21	1 00 36	13 37 08	4 00	1 31	1 14	30
22	1 00 38	13 27 20	3 29	1 31	1 14	30
23	1 00 39	13 16 00	2 47	1 31	1 14	30
24	1 00 40	13 03 07	1 58	1 31	1 14	30
25	1 00 42	12 48 58	1 03	1 30	1 14	29
26	1 00 43	12 34 15	0 08	1 30	1 14	29
27	1 00 44	12 19 59	0 45	1 30	1 14	29
28	1 00 46	12 07 15	1 32	1 30	1 14	29
29	1 00 47	11 57 13	2 13	1 29	1 14	29
30	1 00 49	11 50 53	2 46	1 29	1 14	29

DECEMBER

D	☉	☽	☽Dec.	☿	♀	♂
1	1 00 50	11 49 05	3 13	1 28	1 14	28
2	1 00 51	11 52 26	3 33	1 28	1 14	28
3	1 00 53	12 01 14	3 46	1 27	1 14	28
4	1 00 54	12 15 27	3 52	1 26	1 15	28
5	1 00 56	12 34 38	3 49	1 25	1 15	28
6	1 00 57	12 57 47	3 36	1 24	1 15	27
7	1 00 58	13 23 17	3 10	1 23	1 15	27
8	1 00 59	13 48 54	2 30	1 21	1 15	27
9	1 01 00	14 11 58	1 35	1 19	1 15	27
10	1 01 01	14 29 53	0 27	1 17	1 15	26
11	1 01 02	14 40 36	0 46	1 15	1 15	26
12	1 01 03	14 43 17	1 56	1 12	1 15	26
13	1 01 03	14 38 31	2 57	1 09	1 15	26
14	1 01 03	14 27 57	3 42	1 05	1 15	25
15	1 01 04	14 13 48	4 10	1 01	1 15	25
16	1 01 04	13 58 15	4 22	0 56	1 15	25
17	1 01 04	13 42 54	4 19	0 50	1 15	25
18	1 01 05	13 28 41	4 03	0 44	1 15	24
19	1 01 05	13 15 53	3 36	0 36	1 15	24
20	1 01 05	13 04 18	2 59	0 28	1 15	24
21	1 01 06	12 53 28	2 13	0 19	1 15	23
22	1 01 06	12 42 54	1 22	0 09	1 15	23
23	1 01 06	12 32 19	0 28	0 02	1 15	23
24	1 01 07	12 21 42	0 25	0 13	1 15	22
25	1 01 07	12 11 20	1 15	0 25	1 15	22
26	1 01 07	12 01 53	1 58	0 37	1 15	22
27	1 01 08	11 54 08	2 35	0 48	1 15	21
28	1 01 08	11 49 01	3 04	0 59	1 15	21
29	1 01 09	11 47 30	3 25	1 08	1 15	21
30	1 01 09	11 50 23	3 40	1 15	1 15	20
31	1 01 09	11 58 21	3 47	1 19	1 15	20

Jan.

d	h	m		
2	4 00	pm	☿	Gt. Elong.19°E.
4	3 21	am	☽	Max. Dec.18°N.56′
4	7 00	am	⊕	in Perihelion
5	11 14	am	☽	in Apogee
7	2 56	pm	☿	in ☋
11	3 50	pm	☽	on Equator
12	6 39	am	☿	in Perihelion
18	5 36	am	☽	Max. Dec.18°S.51′
19	11 00	pm	☽	in Perigee
24	6 55	am	☽	on Equator
31	10 51	am	☽	Max. Dec.18°N.47′

Feb.

d	h	m		
1	3 32	pm	☽	in Apogee
7	10 33	pm	☽	on Equator
11	9 00	pm	☿	Gt. Elong.26°W.
14	3 29	pm	☽	Max. Dec.18°S.40′
14	10 07	pm	☿	in ☊
17	8 34	am	☽	in Perigee
17	11 23	pm	♀	in ☋
20	11 18	am	♂	in Perihelion
20	6 13	pm	☽	on Equator
25	6 17	am	☿	in Aphelion
27	6 33	pm	☽	Max. Dec.18°N.35′
29	7 01	am	☽	in Apogee

Mar.

d	h	m		
6	5 14	am	☽	on Equator
12	10 11	pm	☽	Max. Dec.18°S.30′
16	5 38	am	☽	in Perigee
19	4 36	am	☽	on Equator
20	8 03	am	☉	Enters ♈,Equinox
22	5 27	pm	♀	in Perihelion
26	2 42	am	☽	Max. Dec.18°N.28′
28	2 38	am	☽	in Apogee

Apr.

d	h	m		
1	1 00	am	♀	Gt. Elong.46°E.
2	1 01	pm	☽	on Equator
4	0 07	am	☽	Total Eclipse
4	2 12	pm	☿	in ☋
9	3 34	am	☽	Max. Dec.18°S.27′
9	5 55	am	☿	in Perihelion
11	2 47	am	☽	in Perigee
15	0 50	pm	☽	on Equator
17	10 49	pm	●	Partial Eclipse
22	11 13	am	☽	Max. Dec.18°N.28′
23	8 00	am	☿	Gt. Elong.20°E.
24	10 26	pm	☽	in Apogee
29	10 06	pm	☽	on Equator

May

d	h	m		
4	2 00	pm	♀	Gt. Brilliance
6	10 25	am	☽	Max. Dec.18°S.31′
6	9 52	pm	☽	in Perigee
12	7 18	pm	☽	on Equator
12	9 22	pm	☿	in ☊
19	7 43	pm	☽	Max. Dec.18°N.34′
22	4 24	pm	☽	in Apogee
23	5 34	am	☿	in Aphelion
27	7 48	am	☽	on Equator

Jun.

d	h	m		
2	7 57	pm	☽	Max. Dec.18°S.35′
3	4 23	pm	☽	in Perigee
6	11 14	am	♃	in ☊
8	0 47	pm	♀	in ☊
9	1 36	am	☽	on Equator
10	9 00	am	☿	Gt. Elong.24°W.
16	3 42	am	☽	Max. Dec.18°N.37′
19	6 33	am	☽	in Apogee
20	4 12	pm	♂	in ☋
21	2 24	am	☉	Enters ♋,Solstice
23	5 01	pm	☽	on Equator
30	7 24	am	☽	Max. Dec.18°S.35′

Jul.

d	h	m		
1	1 28	pm	☿	in ☋
1	10 17	pm	☽	in Perigee
5	6 00	pm	⊕	in Aphelion
6	5 12	am	☿	in Perihelion
6	9 18	am	☽	on Equator
13	6 52	am	♀	in Aphelion
13	11 00	am	☽	Max. Dec.18°N.34′
16	1 48	pm	☽	in Apogee
17	9 00	am	♀	Gt. Brilliance
21	0 54	am	☽	on Equator
27	6 52	pm	☽	Max. Dec.18°S.29′
30	7 41	am	☽	in Perigee

Aug.

d	h	m		
2	6 54	pm	☽	on Equator
8	8 37	pm	☿	in ☊
9	5 52	pm	☽	Max. Dec.18°N.25′
12	4 43	pm	☽	in Apogee
17	7 29	am	☽	on Equator
19	4 49	am	☿	in Aphelion
20	4 00	am	♀	Gt. Elong.46°W.
21	4 00	pm	☿	Gt. Elong.27°E.
24	4 26	am	☽	Max. Dec.18°S.19′
27	5 00	pm	☽	in Perigee
30	5 39	am	☽	on Equator

Sep.

d	h	m		
6	0 55	am	☽	Max. Dec.18°N.16′
9	1 54	am	☽	in Apogee
13	1 40	pm	☽	on Equator
20	11 20	am	☽	Max. Dec.18°S.13′
22	6 00	pm	☉	Enters ♎,Equinox
24	9 50	pm	☽	in Perigee
26	4 12	pm	☽	on Equator
27	2 51	am	☽	Total Eclipse
27	0 43	pm	☿	in ☋
29	4 16	pm	♀	in ☋

Oct.

d	h	m		
2	4 27	am	☿	in Perihelion
3	6 00	am	☿	Gt. Elong.18°W.
3	8 51	am	☽	Max. Dec.18°N.13′
6	5 56	pm	☽	in Apogee
10	8 48	pm	☽	on Equator
12	2 14	pm	●	Partial Eclipse
17	4 49	pm	☽	Max. Dec.18°S.14′
22	8 53	am	☽	in Perigee
24	1 15	am	☽	on Equator
30	5 53	pm	☽	Max. Dec.18°N.17′

Nov.

d	h	m		
2	3 46	pm	♀	in Perihelion
3	1 38	pm	☽	in Apogee
4	7 52	pm	☿	in ☊
7	5 36	am	☽	on Equator
13	11 29	pm	☽	Max. Dec.18°S.21′
15	4 04	am	☿	in Aphelion
16	4 34	am	☽	in Perigee
20	8 28	am	☽	on Equator
27	3 28	am	☽	Max. Dec.18°N.24′

Dec.

d	h	m		
1	10 28	am	☽	in Apogee
4	3 34	pm	☽	on Equator
11	9 08	am	☽	Max. Dec.18°S.26′
13	4 08	am	☽	in Perigee
15	7 00	pm	☿	Gt. Elong.20°E.
17	3 01	pm	☽	on Equator
21	2 06	pm	☉	Enters ♑,Solstice
24	11 58	am	☿	in ☋
24	0 28	pm	☽	Max. Dec.18°N.27′
29	3 42	am	☿	in Perihelion
29	5 18	am	☽	in Apogee

Showing the approximate time when each Aspect is formed.
am denotes morning; pm denotes afternoon.

Note:- Semi-quintile, or 36° apart, ⊥; Bi-quintile. or 144° ±; Quincunx or 150° ▽
☽ ● Eclipse of ☉.   ☽ ⚹ ☉ Eclipse of ☽.   • Occultation by ☽.

JANUARY

Date	Aspect	Time	M
1 M	☿ ☌ ♅	4am 33	
	☽ ⚹ ♄	5 23	G
	☿ ▽ ♃	8 43	
	☽ △ ♂	3pm 52	G
	☽ △ ♆	3 54	G
	♀ ⊥ ♄	4 0	
	♂ ☌ ♆	4 26	
	☽ □ ☉	5 41	b
2 TU	☽ △ ♅	1am 18	G
	♀ Q ♇	2 38	
	☽ △ ☿	3 20	G
	☽ ☍ ♇	6 28	B
	☽ P ♀	6pm 4	G
	♀ ∠ ♃	8 25	
	☽ □ ♆	10 3	b
3 W	☽ □ ♂	0am 2	b
	☿ P ♅	7 13	
	☽ □ ♅	7 35	b
	☽ △ ♀	9 48	G
	☽ □ ☿	0pm 18	b
	☿ P ♆	0 34	
	☽ □ ♄	5 53	B
	☿ ⚹ ♇	5 58	
4 TH	☽ ☍ ♃	3 32	B
	☽ □ ♀	7 36	b
5	☽ ☍ ☉	8 51	B
6 S	☽ □ ♇	1am 31	b
	☽ △ ♄	6 53	G
	☽ P ♀	11 36	G
	☽ ☍ ♆	5pm 13	B
	♀ ▽ ♄	8 34	
7 SU	☽ ☍ ♂	1am 17	B
	☽ ☍ ♅	2 54	B
	☽ △ ♇	7 50	G
	☽ ☍ ☿	0pm 53	B
	☽ □ ♄	1 18	b
8 M	♂ ☌ ♅	3am 38	
	☉ ∠ ♇	4 50	
	☿ ∠ ♄	6 42	
	☽ □ ♃	11 57	b
9 TU	☽ ☍ ♀	0 32	B
	☽ P ♇	2pm 22	D
	☽ △ ♃	6 22	G
	☽ □ ♇	7 54	B
	☿ Stat	9 52	
	☽ □ ☉	11 22	b
10 W	☽ P ♄	4am 3	B
	☽ □ ♆	11 16	b
	♂ ▽ ♃	0pm 41	
	☿ ∠ ♄	4 14	
	☽ □ ♅	8 49	b
11 TH	☽ ▽ ♂	0am 55	b
	☉ ⚹ ♄	2 47	
	♀ ∠ ☿	3 22	
	☽ □ ☿	6 40	b
	☽ ☍ ♇	7 0	B
	☽ △ ☉	7 21	G
	♂ ⚹ ♇	8 37	
	♂ P ♅	0pm 54	
	☽ △ ♆	4 30	G
	♂ P ♆	6 49	

Date	Aspect	Time	M
12 F	☽ △ ♅	1am 53	G
	☽ □ ♃	5 44	B
	☽ ⚹ ♇	6 18	G
	☽ △ ♂	7 40	G
	☽ △ ☿	10 33	G
13 S	☽ □ ♀	1 18	b
	☽ P ♄	1 59	B
	☽ ∠ ♇	10 27	b
	☿ ☌ ♂	11 20	
	☽ P ♇	3pm 23	D
	♃ ▽ ♇	6 32	
	☽ □ ☉	8 45	B
14 SU	☽ □ ♆	0am 47	B
	☽ △ ♀	7 35	G
	☽ □ ♅	9 43	B
	☽ ▽ ♇	1pm 44	g
	☽ ⚹ ♃	2 0	G
	☽ □ ☿	2 54	B
	☽ □ ♂	6 19	B
	☽ Q ♄	7 13	b
15 M	☿ ▽ ♃	1am 7	
	☽ P ♀	1 17	G
	☿ ⚹ ♇	6 58	
	♀ ▽ ♅	8 0	
	♂ ∠ ♄	11 40	
	☽ ∠ ♃	4pm 42	b
	☽ △ ♄	9 28	G
16 TU	☉ ☌ ♆	2am 54	
	♀ ⊥ ♆	5 9	
	☽ ⚹ ♆	5 26	G
	☽ ⚹ ☉	5 38	G
	☿ ▽ ♀	6 42	
	☽ ⚹ ♅	1pm 50	G
	☽ ⚹ ☿	2 59	G
	☉ ⊥ ♀	4 10	
	☽ □ ♀	4 28	B
	☽ P ☿	4 29	G
	☽ ☌ ♇	5 27	D
	☽ ▽ ♃	6 25	g
17 W	☽ ⚹ ♂	0am 34	G
	☿ ☌ ♅	4 2	
	♀ □ ♇	4 30	
	☽ ∠ ♆	6 25	b
	☽ ∠ ☉	8 24	b
	☽ ∠ ☿	1pm 44	b
	☽ ∠ ♅	2 36	b
	♀ ⚹ ♃	8 21	
	☽ □ ♄	11 20	B
18 TH	☽ ∠ ♂	2am 17	b
	☽ ▽ ♆	6 41	g
	☽ ▽ ☉	10 18	g
	☽ ▽ ☿	11 55	g
19 F	☽ ▽ ♅	2pm 42	g
	☉ P ♅	4 8	
	☉ P ♆	4 16	
	☿ ⊥ ☉	5 27	
	☽ ▽ ♇	6 2	g
	☽ ☌ ♃	7 35	G
	♅ P ♆	8 43	
	☽ ⚹ ♀	9 14	G
	☉ ☌ ☿	9 40	
	☽ ▽ ♂	3am 22	g
	☽ P ☿	3pm 26	G

Date	Aspect	Time	M
20 S	☽ ∠ ♇	5 40	b
	☽ ∠ ♀	10 49	b
	☽ ⚹ ♄	11 0	G
	☽ ☌ ♆	6am 2	D
	☽ ☌ ☿	7 22	G
	♀ ⊥ ♅	0pm 23	
	☽ ☌ ☉	0 50	D
	☽ ☌ ♅	2 0	B
	☽ ⚹ ♇	5 13	G
	☽ ▽ ♃	7 21	g
	☽ ∠ ♄	10 41	b
	☿ ☌ ♆	10 59	
21 SU	☽ ▽ ♀	0am 23	g
	♂ ⊥ ♃	2 58	
	☽ ☌ ♂	5 1	B
	☉ ☌ ♅	7 21	
	☽ ∠ ♃	7pm 27	b
	☽ ∠ ♄	10 39	g
22 M	☽ P ♇	2am 25	G
	☽ ▽ ☿	3 19	g
	☽ ▽ ♆	5 42	g
	☿ ∠ ♀	9 2	
	☽ P ♇	0pm 23	D
	☽ ▽ ♅	2 1	g
	☽ ▽ ☉	4 10	g
	☽ □ ♇	5 14	B
	☽ ⚹ ♃	8 6	G
23 TU	☽ ∠ ☿	2am 7	b
	☽ P ♄	2 21	B
	☽ ☌ ♀	5 4	G
	☽ ∠ ♆	6 21	b
	☉ ⚹ ♇	8 0	
	☽ ▽ ♂	8 20	g
	☽ ∠ ♅	2pm 59	b
	☽ ∠ ☉	7 2	b
	♀ ∠ ♆	8 45	
24 W	☽ P ♂	0am 6	
	☽ ☌ ♄	0 33	B
	☽ ⚹ ☿	1 45	G
	☽ ⚹ ♆	7 53	G
	☽ ∠ ♂	11 25	b
	☽ ⚹ ♅	4pm 53	G
	☿ ⚹ ♄	7 1	
	♀ △ ♇	8 14	G
	☽ ⚹ ☉	11 6	G
25 TH	☽ □ ♃	0am 3	B
	☽ P ♄	0pm 11	B
	☽ ▽ ♀	2 5	g
	☉ ▽ ♃	2 54	
	☽ ⚹ ♂	3 44	G
	♀ P ♇	4 21	
	☽ Q ♇	11 16	b
26 F	☽ P ♀	2am 52	G
	☽ P ♇	4 14	D
	☽ □ ☿	4 17	B
	☽ ▽ ♄	6 23	g
	☽ □ ♆	2pm 4	B
	☽ ∠ ♀	8 41	b
	☉ P ♇	9 53	
	☽ □ ♅	11 54	B
27 S	♂ Q ♇	2am 43	
	☉ ∠ ♄	6 57	
	☽ △ ♃	8 20	G

Date	Aspect	Time	M
28 SU	☽ ∠ ♄	10 55	b
	☽ □ ☉	11 14	B
	♀ ▽ ♂	3pm 2	
29 M	☽ □ ♂	4am 7	B
	☽ ⚹ ♀	4 36	G
	☽ ∠ ♅	8 8	
	♂ ⊥ ♄	10 44	
	☽ △ ☿	11 39	G
	☽ ▽ ♃	1pm 58	b
	☽ ⚹ ♄	4 21	G
30 TU	☽ △ ♆	0am 13	G
	☽ P ♂	8 7	B
	☽ △ ♅	10 43	G
	☽ ☍ ♇	2pm 10	B
	☽ □ ☿	5 0	b
	♀ Q ♃	9 40	
	☽ P ☉	11 56	b
31 W	☽ △ ♀	3am 48	G
	☽ ▽ ♆	6 19	b
	☿ Stat	10 17	
	☽ □ ♅	5pm 0	b
	☽ △ ♂	8 7	G
	☽ □ ♀	11 6	B
	☿ ⚹ ♀	11 51	

FEBRUARY

Date	Aspect	Time	M
1 TH	☽ Q ♂	4am 40	b
	☽ ☍ ♃	10 2	B
2 F	☉ ⊥ ♃	1 30	
	☽ Q ♀	9 13	b
	☿ ▽ ♂	9 45	
	☽ P ☿	1pm 2	B
	♀ ☌ ☿	2 33	
	☽ P ☉	2 37	G
	☽ △ ♄	6 14	G
	☽ △ ♀	6 37	G
3 S	☽ ☍ ♆	1am 34	B
	☽ P ♂	5 0	B
	☽ ☍ ♅	0pm 22	B
	☽ △ ♇	3 26	G
4 SU	☽ □ ♄	0am 36	b
	☽ Q ♀	4 2	b
	☉ Q ♇	9 25	
	☽ ☍ ☉	3pm 58	B
5 M	☽ ☍ ♂	5am 22	B
	☽ Q ♃	5 51	b
	♂ ∠ ♃	3pm 28	
	♀ ⚹ ♆	6 3	
	☽ P ♇	9 9	D
6 TU	☽ □ ♇	3am 0	B
	☉ ⊥ ♄	4 4	
	♂ ∠ ♃	4 43	
	☽ Q ☿	10 42	b
	☽ △ ♃	11 50	G
	☽ P ♄	5pm 34	B
	☽ Q ♆	6 59	b
7 W	☽ Q ♅	5am 35	b
	☽ P ♀	2pm 49	G
	☽ △ ☿	5 38	G
	☽ ☍ ♄	5 44	B

Date	Aspect	Time	M
8 TH	♂ ⚹ ♄	7 21	
	☽ △ ♆	0am 2	G
	☽ P ♀	4 28	G
	☽ ☍ ♀	5 31	B
	♂ P ♄	9 52	
	☽ △ ☉	10 31	G
	☽ ⚹ ♇	1pm 2	G
	☽ □ ☉	3 23	b
	☽ □ ♃	10 26	B
9 F	☽ □ ♂	2am 21	b
	☽ P ♄	2 23	B
	☽ ∠ ♇	5pm 18	b
	☽ △ ☉	9 58	G
	☽ P ♇	10 27	D
10 S	☽ □ ☿	6am 19	B
	☽ △ ♀	8 6	G
	☽ □ ♆	8 35	b
	♀ ⚹ ♅	1pm 4	
	♂ ▽ ♆	4 21	
	☽ □ ♅	6 43	B
	☽ ▽ ♇	8 57	g
11 SU	☽ □ ♄	6am 29	b
	☽ ⚹ ♃	6 42	G
	♀ ⊥ ♂	0pm 34	
	☽ P ♂	1 36	B
	☿ ☌ ♆	2 8	
	♀ △ ♇	2 31	
	☽ P ☉	5 56	G
12 M	☽ □ ♀	0am 47	b
	☽ □ ☉	8 37	B
	☽ △ ♄	9 21	G
	☽ ∠ ♃	9 44	b
	☽ ⚹ ♆	2pm 28	G
	☽ ⚹ ☿	4 21	G
	☽ ☍ ♂	5 9	B
	☉ ▽ ♄	7 47	
13 TU	☽ ⚹ ♅	0am 9	G
	☽ ☌ ♇	2 6	D
	☉ ∠ ♃	3 9	
	☽ △ ♀	5 20	G
	☽ ▽ ♃	0pm 0	g
	☽ ∠ ♆	4 18	b
	☽ ∠ ☿	8 10	b
14 W	♀ P ♅	1am 13	
	☽ ∠ ♅	1 45	b
	☿ ▽ ♂	5 0	
	☽ □ ♄	0pm 53	B
	☽ ⚹ ☉	3 37	G
	♃ ⊥ ♇	5 7	
	☽ ▽ ♆	5 27	g
	☽ ⚹ ♂	10 47	G
	☽ ▽ ☿	11 13	g
15 TH	☽ ▽ ♇	2am 42	g
	☽ ▽ ♀	4 25	g
	☽ □ ♀	11 48	B
	☽ ☌ ♃	2pm 27	
	☽ ∠ ☉	5 59	b
	☉ ▽ ♆	6 45	
16 F	☽ ∠ ♂	0am 35	b
	☽ ∠ ♇	4 46	b
	♀ Q ♆	5 23	
	☽ ⚹ ♄	2pm 5	G
	☽ ☌ ♆	6 14	D

Date	Aspect	h	m	Note
17 S	☽ ⚺ ☉	7	53	g
	☿ ☌ ♅	9	0	
	☽ ⚺ ♂	2am	0	g
	☽ ☌ ♅	3	18	B
	♀ □ ♃	3	20	
	☽ ☌ ♂	3	50	G
	☽ ⚹ ♇	4	50	G
	☽ ∠ ♄	2pm	16	b
	☽ ⚺ ♃	3	16	g
	☽ ⚹ ♀	4	7	G
	☿ ⚹ ♇	4	19	
18 SU	☽ P ☉	0am	3	G
	☽ P ♂	1	32	B
	♂ ⚺ ♅	4	22	
	♀ P ♄	4	41	
	☽ ⚺ ♄	2pm	31	g
	♂ ⊥ ♆	2	38	
	☽ ∠ ♃	3	38	b
	☽ ∠ ♀	6	14	b
	☽ ⚺ ♆	6	26	g
	☽ ☌ ☉	11	30	D
19 M	☽ P ♇	0am	14	D
	☽ ⚺ ♅	3	41	g
	☽ ☌ ♂	4	55	B
	☽ □ ♇	5	6	B
	♂ □ ♇	8	12	
	☽ ⚺ ☿	8	28	g
	☽ P ♀	3pm	52	G
	☽ ⚹ ♃	4	21	G
	☽ ∠ ♆	6	57	b
	☽ P ♄	8	18	B
	☽ ⚺ ♀	8	49	g
20 TU	☽ ∠ ♅	4am	27	b
	☽ ∠ ☿	11	41	b
	☽ ☌ ♄	4pm	16	B
	☽ ⚹ ♆	8	5	G
21 W	☽ ⚺ ☉	5am	9	g
	☽ ⚹ ♅	5	54	G
	☉ P ♂	5	54	
	♀ Q ♅	7	6	
	☽ △ ♇	7	13	G
	☽ ⚺ ♂	10	1	g
	☽ ⚹ ☿	3pm	57	G
	☉ ⚺ ♅	4	4	
	☽ P ♄	4	16	B
	☽ □ ♃	7	49	B
	☉ ⊥ ♆	10	16	
22 TH	☽ ● ♀	4am	39	G
	☽ P ♀	5	0	G
	☽ ∠ ☉	9	29	b
	☽ □ ♇	9	31	b
	☉ □ ♇	10	4	
	☽ ∠ ♂	2pm	4	b
	☽ P ♇	2	19	D
	☿ ∠ ♄	5	33	
	☽ ⚺ ♄	9	11	g
23 F	☽ □ ♆	0am	56	B
	☽ P ☉	4	40	G
	☽ P ♂	5	30	B
	☽ □ ♅	11	35	B
	☿ ⚺ ♃	0pm	54	
	☽ ⚹ ☉	3	4	G
	☽ ⚹ ♆	7	19	G
24 S	☽ ∠ ♄	1am	10	b
	☽ △ ♃	3	8	G
	☽ □ ♅	4	38	B
	♀ □ ♇	1pm	53	
	☽ ⚺ ♀	5	26	g
25	♀ P ♇	5am	45	

Date	Aspect	h	m	Note
SU	☽ ⚹ ♄	6	8	G
	☽ □ ♃	8	18	b
	☽ △ ♆	9	45	G
	☽ △ ♅	9pm	12	G
	☽ ☍ ♇	10	18	B
26 M	☽ ☌ ♇	1am	40	b
	☽ □ ☉	5	52	B
	♂ ⊥ ♅	7	36	
	☽ □ ♂	9	13	B
	☽ P ♂	10	21	G
	☽ □ ♆	3pm	25	b
	☿ Q ♅	5	30	
	☉ P ♀	10	46	
	☽ △ ☿	10	48	G
27 TU	☽ □ ♅	3am	10	b
	☽ ⚹ ♀	10	46	G
	♀ P ♂	10	51	
	☽ □ ♄	6pm	20	B
	☉ ⊥ ♅	10	54	
28 W	☿ ⊥ ♃	8am	44	
	☽ □ ☿	9	13	b
	☽ △ ☉	11pm	46	G
29 TH	☽ △ ♂	1am	54	G
	☽ ☍ ♃	3	39	D
	☉ P ♇	6	45	
	☿ ⊥ ♄	3pm	31	
	☽ □ ♀	4	49	b

MARCH				
1 F	☽ P ☿	1am	10	G
	☽ □ ♀	5	50	B
	☽ △ ♄	7	37	G
	☽ □ ☉	8	52	b
	☽ □ ♂	10	21	b
	☽ ☍ ♆	10	25	B
	♂ ⚹ ♃	10	48	
	♂ ∠ ♆	11	26	
	☽ ☍ ♅	10pm	22	B
	☽ △ ♇	11	1	G
2 S	♀ ⚺ ♄	2am	45	
	☉ ∠ ♆	3	52	
	♂ P ♇	4	51	
	☉ ⚹ ♃	6	4	
	☽ □ ♄	1pm	58	b
	☽ P ♀	4am	1	G
3 SU	♀ □ ♆	7	28	
	♀ ± ♇	0pm	14	
	☽ ☍ ☿	4	25	B
	☽ □ ♃	10	48	b
	☽ △ ♀	11	37	G
4 M	☽ P ♇	4am	45	D
	☽ P ♂	9	7	B
	☽ □ ♇	10	16	B
	☉ ☌ ♂	2pm	2	B
	☽ P ☉	3	34	G
	☿ ⚺ ♄	9	49	
5 TU	☽ □ ♆	3am	20	b
	☽ △ ♃	4	15	G
	☽ □ ♀	7	33	b
	☽ P ♄	8	24	B
	☽ ☍ ♂	9	2	B
	☽ ☍ ♅	9	23	B
	☽ ⚺ ♆	2pm	10	
	☽ □ ♅	2	52	b
	♇ Stat	8	18	
	☿ ∠ ♃	11	10	
6 W	☽ ☍ ♄	6am	13	B
	☽ △ ♆	7	58	G
	☽ △ ♅	7pm	20	G

Date	Aspect	h	m	Note
7 TH	☽ ⚹ ♇	7	31	G
	☽ P ♄	1am	17	B
	☽ P ☉	11	21	G
	♀ ∠ ♂	0pm	6	
	☽ □ ♃	1	33	B
	☿ P ♂	3	58	
	☽ P ♂	5	41	B
	☽ □ ☿	6	27	b
	☽ ∠ ♃	11	22	b
8 F	♀ ⊥ ♄	3am	5	
	☽ P ♇	4	4	D
	☉ ∠ ♅	9	19	
	☽ □ ♆	3pm	42	B
	♅ ⚹ ♇	8	38	
	♀ ⚻ ♇	9	12	
	♀ □ ♅	9	13	
9 S	☽ △ ☿	1am	45	G
	☽ □ ♃	2	13	b
	☽ ⚺ ♃	2	43	g
	☽ □ ♅	2	45	B
	☽ ☍ ♀	3	14	B
	☽ □ ♀	4	6	b
	☿ ⊥ ♆	8	45	
	☿ □ ♇	9	34	
	☿ ⚺ ♅	9	56	
	☽ P ♅	11	6	G
	♂ ∠ ♅	11	39	
	☽ □ ♄	5pm	46	b
	☽ ⚹ ♃	8	45	G
10 SU	☽ P ♀	4am	27	G
	☽ △ ♂	6	45	G
	☽ △ ☉	9	5	G
	☿ ⚹ ♀	10	2	
	☽ △ ♄	8pm	36	G
	☽ ⚹ ♆	9	27	G
	☽ ∠ ♃	11	36	b
11 M	☽ ☌ ♇	7am	58	D
	☽ ⚹ ♅	8	10	G
	☽ □ ☿	2pm	23	b
	☽ ∠ ♆	11	36	b
12 TU	☽ ⚺ ♃	1am	56	g
	☽ ∠ ♅	10	10	b
	☉ P ♄	10	21	B
	☽ ☌ ♀	2pm	7	b
	☽ ⚺ ♀	5	5	g
	☽ ☍ ☉	5	15	B
13 W	☽ □ ♄	0am	51	B
	☽ ⚺ ♆	1	18	g
	☿ ⊥ ♅	1	33	
	☽ ⚺ ♇	11	22	g
	☽ ⚺ ♅	11	44	g
	☉ ∠ ♀	4pm	16	
	☽ △ ♀	8	34	G
14 TH	☽ ⚹ ☿	0am	34	G
	☽ ☌ ♃	5	18	G
	☽ ∠ ♇	0pm	29	b
	☿ ∠ ♆	5	27	
	☽ P ♀	6	44	G
	☽ ⚹ ♂	7	31	G
	☽ ⚹ ☉	11	25	G
15 F	☽ ⚹ ♄	3am	31	G
	☽ ☌ ♆	3	37	D
	☽ ⚺ ♂	5	0	g
	☽ ⚹ ♇	1pm	22	G
	☽ ☌ ♅	1	53	B
	♄ ⚹ ♆	4	46	
	♀ ⚹ ♃	6	2	
	☽ ∠ ♂	9	46	b
16	☽ ∠ ☉	2am	3	b

Date	Aspect	h	m	Note
S	☽ □ ♀	2	25	B
	☽ ∠ ♄	4	32	b
	☽ ⚺ ♃	7	31	g
	☽ ⚺ ☿	9	15	g
	☉ Q ♃	9	42	
	☿ P ♇	0pm	59	
	☽ ⚺ ♂	11	57	g
17 SU	☽ ⚺ ☉	4am	40	g
	☽ ⚺ ♆	5	17	g
	☽ ⚺ ♄	5	32	g
	☽ ∠ ♃	8	32	b
	♀ ∠ ♄	10	30	
	☽ P ♇	10	38	D
	☉ ⚹ ♆	1pm	50	
	☽ □ ♇	2	56	B
	☽ P ☿	3	9	G
	☽ ⚺ ♅	3	38	g
	☉ ☌ ♄	7	4	
18 M	♂ P ♄	3am	15	
	☿ ∠ ♅	6	10	
	☽ ∠ ♆	6	16	b
	☽ ⚹ ♀	8	9	G
	☽ ⚹ ♃	9	46	G
	☽ P ♄	1pm	33	B
	☽ P ♂	2	12	D
	☽ ∠ ♅	4	47	b
	☽ ☌ ☿	6	19	G
19 TU	☽ P ☉	1am	58	G
	☽ ☌ ♂	5	2	B
	☽ P ☉	6	50	G
	☽ ⚹ ♆	7	38	G
	☽ ☌ ♄	8	16	B
	♀ △ ♃	8	48	
	☽ ☌ ☉	10	45	D
	☽ ∠ ♀	11	35	b
	☽ P ♂	5pm	14	B
	☽ △ ♇	5	30	G
	☽ ⚹ ♅	6	23	G
	☽ P ♄	7	31	B
20 W	♂ Q ♃	6am	43	
	☽ P ☿	7	12	G
	☽ □ ♃	1pm	37	B
	☽ ⚺ ♀	3	44	g
	☽ □ ♇	7	37	b
	☽ P ♇	11	50	D
21 TH	♂ ⚹ ♆	5am	14	
	☽ ⚺ ☿	6	23	g
	☽ □ ♆	0pm	11	B
	☽ ⚺ ♂	0	36	g
	☽ ⚺ ♄	1	15	g
	☽ ⚺ ☉	7	39	g
	☽ □ ♅	11	37	B
22 F	♂ ☌ ♄	1am	48	
	☽ ∠ ☿	2pm	17	b
	☽ ∠ ♄	4	59	b
	☿ Q ♃	5	44	
	☽ ∠ ♂	5	48	b
	☽ △ ♃	8	24	G
	☿ ⚹ ♆	11	29	
23 S	☿ P ♄	1am	8	
	☽ ∠ ☉	1	38	b
	☽ ☌ ♀	2	59	G
	♀ P ♅	7	46	
	☉ P ♂	8	29	
	☉ △ ♇	9	14	
	☿ ☌ ♄	9	24	
	☽ △ ♆	7pm	59	G
	☽ ⚹ ♄	9	35	G
	☽ ⚹ ☿	11	41	G

Date	Aspect	h	m	Note
24 SU	☽ ⚹ ♂	0am	3	G
	☽ □ ♃	1	7	b
	☉ ⚹ ♅	2	21	
	☿ ☌ ♂	3	17	
	☉ P ☿	6	34	
	♀ P ♆	6	46	
	☽ ☍ ♇	6	49	B
	☽ △ ♅	8	13	G
	☽ ⚹ ☉	8	43	G
25 M	☽ □ ♆	1	8	b
	☿ P ♂	10	39	
	☽ □ ♅	1pm	43	b
	☽ ⚺ ♀	6	27	g
	☿ △ ♇	8	42	
26 TU	☿ ⚹ ♅	6am	30	
	☿ P ♂	7	45	
	☽ □ ♄	9	10	B
	☉ P ♄	0pm	27	
	☽ □ ♂	3	13	B
	☽ □ ☿	10	25	B
27 W	☽ □ ☉	1am	31	B
	☽ ∠ ♀	3	19	b
	☽ ☍ ♃	7pm	20	B
28 TH	☽ □ ♇	0am	21	b
	☉ ⚻ ☿	7	37	
	♂ △ ♇	10	50	
	☽ ⚹ ♀	0pm	26	G
	☿ P ♄	2	42	
	☽ ☍ ♆	7	32	B
	☽ △ ♄	10	18	G
29 F	☿ Q ♆	2am	14	
	☿ ∠ ♀	3	34	
	☽ △ ♇	6	34	G
	☽ △ ♂	7	58	G
	☽ ☍ ♅	8	30	B
	♂ ⚹ ♅	4pm	18	
	☽ △ ☉	7	28	G
	☉ Q ♆	10	7	
	☽ △ ☿	11	13	G
30 S	☽ □ ♄	4am	41	b
	☉ P ☿	7	31	
	☽ □ ♂	3pm	59	b
	♀ P ♃	8	14	
31 SU	☽ □ ☉	3am	52	b
	☽ □ ♀	5	45	B
	☽ □ ☿	10	54	b
	☽ P ♇	1pm	42	D
	☽ □ ♃	1	59	b
	☽ □ ♇	5	57	B

APRIL				
1 M	♀ △ ♆	2am	32	
	☽ P ☿	2	51	G
	☿ □ ♃	6	8	
	☿ Q ♅	6	39	
	☽ P ☉	8	35	G
	☽ □ ♆	0pm	29	b
	☽ △ ♃	7	7	G
2 TU	☽ P ♄	0am	22	B
	☽ □ ♅	0	51	b
	☽ P ♂	1	52	B
	☿ □ ♇	4	47	
	☽ △ ♆	4pm	53	G
	♂ △ ♃	6	21	
	☽ △ ♂	7	59	B
	☽ ☍ ♅	8	25	B
3 W	☽ P ♄	1am	13	B
	☽ P ♂	1	53	B
	♀ ⚹ ♄	2	36	

Column group 1

Day	Aspect	Time	Code
	☽✶♇	2 48	G
	☽△♅	4 58	G
	☿ P ♇	5 32	
	☽☍♂	11 34	B
	☽ P ☉	10pm 38	G
4 TH	☽•☉	0am 7	B
	☽□♀	1 45	b
	☽□♃	3 15	B
	☽∠♇	6 13	b
	☽ P ♇	10 11	D
	☽☍☿	3pm 19	B
	☽ P ☿	7 34	G
	☽□♆	11 39	B
5 F	♀□♃	0am 22	
	☽⚻♇	9 1	g
	☽□♅	11 16	B
	☉ Q ♅	3pm 37	
	☉□♃	9 58	
6 S	♂ Q ♆	0am 18	
	☽□♄	6 8	b
	☽✶♃	8 51	G
	☿⊥♀	11 48	
	☿±♀	1pm 21	
	♀☍♇	3 8	
	☿□♆	10 35	
7 SU	☽□♂	0am 23	b
	☽✶♆	4 15	G
	☽△♄	8 21	
	☉□♇	8 57	
	☽∠♃	10 58	b
	☽☌♇	1pm 12	D
	☽□☉	1 32	b
	☽☍♀	2 49	B
	☽✶♅	3 33	G
8 M	♀△♅	2am 10	
	☽△♂	3 39	G
	☿⚻♄	4 28	
	☽∠♆	6 0	b
	☽□☿	11 8	b
	☽⚺♃	0pm 46	g
	☽△☉	5 5	G
	☽⚺♀	5 12	b
	☉ P ♇	9 32	
9 TU	☽⚺♆	7am 30	g
	☽□♄	11 56	B
	☿▽♇	1pm 28	
	☽⚺♇	4 13	g
	☽△☿	4 39	G
	☽⚺♅	6 40	g
10 W	☿□♅	7am 49	
	☽□♂	9 26	B
	☽☌♃	3pm 50	G
	☽∠♇	5 31	b
	☽□☉	11 36	B
11 TH	☽□♀	0am 25	b
	☽☌♆	10 13	D
	☿⊥♄	0pm 40	
	☽✶♄	3 1	G
	☽ P ☿	3 14	G
	☽✶♇	6 48	G
	☽☌♅	9 24	B
12 F	☽□☿	2am 58	B
	☽△♀	3 25	G
	☿⚺♀	9 34	
	☽✶☉	3pm 0	G
	☽∠♄	4 35	b
	☽⚺♃	6 46	g
13 S	☽✶☉	6am 6	G
	☽ P ☉	8 46	G

Column group 2

Day	Aspect	Time	Code
	☽⚺♆	1pm 3	
	☽∠♂	5 56	b
	☽⚺♄	6 18	g
	☽ P ♇	6 49	D
	☽∠♃	8 23	b
	☽□♇	9 37	B
14 SU	☽⚺♅	0am 23	B
	☽ P ♂	5 46	B
	☽∠☉	9 37	B
	☽□♀	9 48	B
	☽✶☿	1pm 12	G
	☽∠♆	2 43	b
	♂ Q ♅	6 42	
	☽⚺♂	9 9	g
	☽✶♃	10 14	G
15 M	☽∠♅	2am 12	b
	☽ P ♄	4 32	B
	☉∠♀	4 33	
	☽⚺☉	1pm 29	g
	☽✶♆	4 42	G
	♂□♃	6 27	
	☽∠♀	6 36	g
	☽ P ♄	9 0	B
	♀±♃	10 9	
	☽☌♄	10 29	B
16 TU	☽△♇	1am 22	G
	☽✶♅	4 22	G
	☉±♇	9 1	
	♂□♇	11 40	
	☽✶♀	5pm 26	G
17 W	☽⚺☿	0am 23	g
	☽ P ♂	1 24	B
	☽□♃	3 1	B
	☽⚺♇	3 50	b
	☽•♂	4 50	B
	☽ P ♇	7 36	D
	☿∠♄	8 11	
	☉□♆	11 1	
	♀⚺♆	8pm 42	
	☽□♆	9 57	B
	☽∠♀	10 2	b
	☽•●	10 49	D
18 TH	☿△♃	1am 43	
	☽⚺♄	4 24	g
	☽ P ☉	6 0	G
	☽□♅	10 8	B
	♀ Q ♄	2pm 44	
19 F	☿ P ♅	2am 22	
	☽⚺♀	3 19	g
	☽∠♄	8 17	b
	☽△♃	9 56	G
	☽☌☿	1pm 35	G
	☽⚺♂	3 6	g
20 S	☿ P ♆	1am 18	
	☽△♆	5 35	G
	♂ P ♇	10 50	
	☽⚺☉	11 9	g
	☽✶♄	0pm 51	G
	☽□♃	2 23	b
	☽☍♇	2 48	B
	☽△♅	6 25	b
	☽∠♂	9 26	b
21 SU	☿⚺♂	5am 9	
	☽□♆	10 26	b
	☉⚺♄	11 49	
	☽☌♀	4pm 15	G
	☽∠☉	6 37	b
	☽□♅	11 35	b
22	☽✶♂	4am 35	G

Column group 3

Day	Aspect	Time	Code
M	☽⚺☿	5 19	g
	☉▽♇	9 13	
23 TU	☽□♄	0 3	B
	☽✶☉	2 52	G
	☽∠☿	1pm 53	b
24 W	♀▽♃	1am 1	
	♃∠♇	3 12	
	☽□♇	7 27	b
	☽☍♃	7 28	B
	☽⚺♀	7 52	g
	☉□♅	9 51	
	☽□♂	8pm 41	B
	☽✶☿	10 32	G
25 TH	☽☍♆	4am 11	B
	☽△♄	1pm 0	G
	☽△♇	1 41	G
	☽∠♀	4 5	b
	☽☌♅	5 51	B
	☽□☉	8 40	B
26 F	☽ P ☉	0am 39	G
	☽□♄	7pm 28	b
	♀ Q ♅	11 24	
27 S	☽✶☉	3am 9	G
	☽ P ♂	9 34	B
	☽△♂	1pm 2	G
	☽□☿	2 32	B
	♂±♇	11 25	
	☽ P ♇	11 45	D
28 SU	☽□☿	1am 31	B
	☽☍♃	1 54	b
	♄△♇	2 40	
	☿ P ♃	9 46	
	☉⊥♄	10 43	
	☽△☉	1pm 32	G
	☽☍♂	8 21	b
	☽☍♆	9 42	b
29 M	Ψ Stat	9 51	
	☽☍♅	10 44	b
	☿△♆	11 52	
	☽☍♀	1pm 54	B
	☽ P ♄	4 46	B
	♂□♆	6 41	
	☽☍☉	8 42	b
30 TU	☽△♃	7am 2	G
	☽△♆	2 15	G
	☽△☿	2 41	G
	☽ P ♄	3 18	B
	☽✶♇	10 47	G
	♀±♆	11 20	
	☽☍♄	11 22	B
	☽△♅	2pm 55	G

MAY

Day	Aspect	Time	Code
1 W	☽□☿	6am 59	b
	☿ P ♃	1pm 34	
	☽∠♇	2 9	b
	☽□♃	2 46	B
	☽ P ♇	6 0	D
	☽△♂	11 42	G
2 TH	☽□♆	8am 45	B
	☽☍☿	0pm 23	B
	☽ P ♂	4 38	B
	☽☍♇	4 41	g
	☽□♅	8 41	B
3 F	☽□♀	3am 7	b
	☽☍☉	11 48	B
	☽✶♃	7pm 13	G
	☽□♄	7 48	b

Column group 4

Day	Aspect	Time	Code
	☿ Stat	10 39	
4 S	☽ P ☉	9am 51	G
	☽✶♆	0pm 17	G
	♃ Stat	1 46	B
	♃ Stat	3 36	b
	☽☌♇	7 48	D
	☽∠♃	8 32	b
	☽△♄	9 17	G
	☽✶♅	11 45	G
5 SU	☽∠♆	1 20	b
	♂▽♇	4 29	
	☽□♂	8 57	b
	☽⚺♃	9 29	g
6 M	☽∠♅	0am 40	b
	☽☍♀	9 29	B
	☽⚺♆	2pm 10	g
	☽□☉	8 30	b
	☽⚺♇	9 28	g
	☽△♂	11 6	G
	☽□♄	11 23	B
7 TU	☽☍♅	1am 28	g
	♂⚺♄	5 17	
	☽□♀	3pm 31	b
	☽∠♇	10 14	b
	☉△♃	10 52	
8 W	☽☌♃	11 4	G
	☽△☉	11 5	G
	☽ P ☉	11 16	G
	☽☌♆	3 51	D
	☽△☿	3 53	G
	☿△♆	4 49	
	♅ Stat	7 36	
	☉∠♄	8 30	
	♂□♅	9 2	
	☽✶♇	11 11	G
9 TH	☽✶♄	1am 33	G
	☽☌♅	3 19	B
	☽□♂	3 40	B
	☽□♀	2pm 31	b
	☽ P ♂	2 47	B
10 F	☽⚺♃	1am 18	g
	☽∠♄	3 3	B
	☽□☉	5 4	B
	☿ P ♆	11 55	
	☽△♀	4pm 41	G
	☽□☿	5 7	B
	☽⚺♆	6 34	g
11 S	☿⚺♀	0am 25	
	☽ P ♇	1 48	D
	☽□♇	2 1	B
	☽∠♃	2 57	b
	☽⚺♄	4 56	g
	☉⊥♀	5 15	
	☽⚺♅	6 23	g
	☽✶♂	9 39	G
	☿ P ♅	4pm 32	
	☽∠♆	8 31	b
12 SU	☽✶♃	5am 1	G
	☽∠♅	8 33	b
	☽✶☉	0pm 56	b
	☽∠♀	1 24	b
	☽ P ♄	5 3	B
	☽✶☿	7 31	G
	☽ P ♄	9 31	B
	☽□♀	10 12	B
	☽✶♆	10 55	G
	☽△♇	6am 34	G
13 M	☽☌♄	10 4	B
	☽✶♅	11 11	G

Column group 5

Day	Aspect	Time	Code
	☽⚺♂	5pm 42	g
	☽∠☉	5 44	b
	☽∠♀	9 15	b
14 TU	☉ P ♇	3am 10	b
	☽□♃	9 32	b
	☽□♃	10 31	B
	☽ P ♇	1pm 45	D
	♀▽♆	2 15	
	☽⚺☉	11 7	g
	☽⚺☿	11 22	g
15 W	☉☌☿	1am 12	
	☽□♆	5 9	B
	☽✶♀	5 23	G
	☽⚺♄	5pm 8	g
	☽□♅	5 51	B
16 TH	☽☌☉	4am 0	D
	☽∠♀	9 37	b
	♂⊥♄	11 36	
	☽△♃	5pm 55	G
	☽ P ♂	6 53	B
	☽∠♄	9 25	b
17 F	☽☌☉	4am 53	G
	☽☌☉	11 46	D
	☽△♆	1pm 20	G
	☽⚺♀	2 17	
	☽☍♇	9 23	B
	☽□♃	10 21	b
	☽ P ☿	11 2	G
18 S	☽✶♄	2am 13	G
	☽△♅	2 32	G
	☉△♆	8 1	
	☉ P ♅	2pm 15	
	☽⚺♂	4 42	g
	☽□♆	6 12	b
	☿⊥♀	10 30	
	☉⚺♀	11 9	
19 SU	☽□♅	7am 39	b
	☽⚺♀	0pm 24	g
	♄✶♅	4 50	
20 M	☽∠♀	0am 0	b
	☉☌♀	0 54	G
	☽⚺☉	3 3	g
	♀ Stat	6 9	
	☽□♄	1pm 26	B
	♀∠♂	2 44	
	☽∠☿	4 58	b
	☉ P ♆	6 57	
21 TU	☽✶♂	7am 50	G
	☽∠☉	11 36	b
	☿ P ♂	0pm 37	
	☽□♇	1 46	b
	☽☍♃	2 39	B
	☽✶☿	10 1	B
22 W	☽ P ♂	9am 10	B
	☽☍♆	11 38	B
	☽⚺♅	0pm 49	g
	☉☍♂	1 49	
	☽ P ☉	3 32	G
	☽△♀	7 58	B
	☽✶☉	8 32	G
	☉□♃	11 34	
23 TH	☽☍♅	1am 34	B
	☽△♄	2 14	G
	☽∠♀	6pm 52	b
24 F	☽□♀	0am 26	b
	☽□♄	8 47	B
	☽□☿	9 3	B
	☿∠♄	7pm 22	
25	☽✶♀	0am 40	G

Panel 1 (May 25 – June 4)

Date	Aspect	Time	
S	☽ □ ♇	8 18	B
	☽ □ ♃	8 56	b
	☽ P ♇	9 52	D
	☉ △ ♅	10 1	
	☽ □ ☉	2pm 13	B
	♂ △ ♃	2 51	
26 SU	☉ ⚹ ♄	1am 8	
	☽ □ ♆	5 52	b
	♀ ▽ ♆	7 21	
	☽ △ ♃	2pm 22	G
	☽ △ ♂	3 59	G
	☽ □ ♅	7 19	b
	☽ △ ☿	7 46	
27 M	☽ P ♄	7am 26	B
	☽ P ♄	8 11	B
	☽ □ ♀	10 21	B
	☽ △ ♆	10 53	G
	☽ ⚹ ♇	6pm 35	G
	☿ Stat	7 1	
	☽ □ ♂	10 29	b
	☽ △ ♅	11 56	G
28 TU	☽ Q ☿	0am 20	b
	☽ ☍ ♄	1 26	B
	☽ △ ☉	5 1	G
	☽ ∠ ♇	10pm 24	b
	☽ □ ♃	10 43	B
29 W	☽ P ♇	3am 24	D
	☿ ☌ ♂	10 2	
	☽ □ ☉	10 39	b
	☽ △ ♀	4pm 20	G
	☽ □ ♆	6 6	B
30 TH	☽ ⚻ ♇	1am 13	g
	♀ ⊥ ♂	4 49	
	☽ □ ♅	6 14	B
	♂ ∠ ♄	8 1	
	☽ □ ♀	5pm 50	b
	☿ ⊥ ♀	10 27	
31 F	☽ P ☿	1am 39	G
	☽ ⚹ ♃	3 12	G
	☽ ☍ ☿	9 13	B
	☽ □ ♄	9 50	b
	☽ ☍ ♂	11 5	B
	☉ ± ♃	5pm 38	
	☽ ⚹ ♆	9 32	G
JUNE			
1 S	☽ ☌ ♇	4am 9	D
	☽ ∠ ♃	4 11	b
	☽ ⚹ ♅	8 55	G
	☽ △ ♄	10 54	G
	♃ ∠ ♄	11 51	
	☿ ∠ ♄	8pm 22	
	☽ ☍ ☉	8 47	B
	☽ ∠ ♆	10 10	b
2 SU	☽ P ♂	0am 11	B
	☽ ⚻ ♃	4 35	g
	☽ ∠ ♅	9 19	b
	☉ □ ♆	5pm 44	
	☽ ☍ ♀	5 58	B
	☽ ⚻ ♆	10 23	g
3 M	☽ ⚻ ♇	4am 46	g
	☽ P ♂	8 22	B
	☽ ⚻ ♅	9 25	g
	☽ □ ♄	11 40	B
	☽ Q ☿	0pm 39	b
	☽ Q ♂	4 14	b
4 TU	☉ P ♃	1am 7	
	☽ ☌ ♃	4 32	G
	♀ ⚻ ♂	4 40	

Panel 2 (June 5 – 13)

Date	Aspect	Time	
5 W	☽ ∠ ♇	4 48	b
	☽ △ ☿	1pm 38	G
	☽ △ ♂	5 34	G
	☽ ☌ ♆	10 33	D
	☽ □ ☉	2am 16	b
	☽ ⚹ ♇	4 58	G
	☽ P ☿	8 55	G
	☽ ☌ ♅	9 42	B
	☽ ⚹ ♄	0pm 17	G
	☽ Q ♀	3 57	b
6 TH	☽ ☌ ☿	2am 45	
	☽ △ ☉	4 31	G
	☽ ⚻ ♃	5 1	g
	☉ ▽ ♃	11 29	
	☽ ∠ ♄	1pm 6	b
	☽ △ ☿	3 46	G
	☽ □ ☿	4 59	B
	☽ □ ♂	9 24	B
	☽ ⚻ ♆	11 53	g
7 F	☽ ∠ ♃	5am 56	b
	☽ □ ♇	6 32	B
	☽ P ♇	9 9	D
	☽ ⚻ ♅	11 30	g
	☽ ⚻ ♄	2pm 31	g
8 S	☽ ∠ ♆	1am 25	b
	☽ ⚹ ♃	7 29	G
	☽ □ ☉	11 6	B
	☽ ∠ ♅	1pm 20	b
	♀ ± ♆	2 27	
	☉ Q ♄	2 38	
	☽ □ ♀	4 58	B
	♂ △ ♅	9 40	
	☽ P ♄	11 31	B
	☽ ⚹ ☿	11 36	G
9 SU	☽ ⚹ ♆	3am 38	G
	☽ P ♄	3 44	B
	☽ ⚹ ♂	3 59	G
	☉ P ♀	6 19	
	☽ △ ♇	10 38	G
	☽ ⚹ ♅	3pm 52	G
	☉ □ ♅	6 35	
	☽ ☌ ♄	7 23	B
10 M	☽ ∠ ☿	4am 24	b
	☽ ∠ ♂	8 30	b
	☽ □ ♃	0pm 37	B
	☽ Q ♇	1 42	b
	☉ ☌ ♀	4 19	
	♀ P ♃	6 22	
	☽ P ♇	7 38	D
	☽ ⚹ ♃	8 31	G
	☽ ⚹ ☉	9 4	G
11 TU	♂ P ♅	0am 44	
	☽ △ ♆	9 20	
	☽ □ ♆	10 7	B
	☽ ⚻ ☿	10 11	g
	☽ ⚻ ♂	1pm 47	g
	☽ □ ♅	10 54	B
	☽ ∠ ♀	11 8	b
	☉ ± ♆	11 13	
12 W	☽ ⚻ ♄	2am 58	g
	☽ ∠ ☉	3 15	b
	♀ Q ♅	3 49	
	☽ △ ♃	8pm 12	G
13 TH	☽ ⚻ ♀	2am 14	g
	♂ Q ♃	2 41	
	☽ ∠ ♄	7 37	b
	♀ Q ♄	9 29	
	☽ ⚻ ☉	10 8	g
	♂ P ♆	4pm 1	

Panel 3 (June 14 – 24)

Date	Aspect	Time	
14 F	☽ △ ♆	6 56	G
	☽ ☌ ☿	0am 31	G
	☽ □ ♃	0 46	b
	☽ ☌ ♂	2 19	B
	☽ ☍ ♇	2 28	B
	☿ □ ♃	2 53	
	♂ ☍ ♇	4 52	
	☽ △ ♅	8 9	G
	☽ P ☿	8 13	G
	☽ ⚹ ♄	0pm 44	G
	☿ ☍ ♇	8 37	
15 S	☽ □ ♆	0am 2	b
	☽ ☌ ♀	9 44	G
	☽ □ ♅	1pm 25	h
	☿ ☌ ♂	7 12	
16 SU	☽ ☌ ☉	1am 36	D
	☽ ⚻ ♂	4pm 57	g
	☽ ⚻ ☿	6 6	g
17 M	☽ □ ♄	0am 12	B
	☽ P ☿	1 44	G
	☿ △ ♅	2 58	
	♀ P ♂	3 13	
	☽ ☍ ♃	4pm 48	B
	☽ ⚻ ♆	6 47	g
18 TU	☽ □ ♇	7 13	b
	☽ ∠ ♂	0am 53	b
	☉ ▽ ♆	2 38	B
	♂ △ ♅	3 49	
	☽ ∠ ☿	3 58	b
	☽ ☍ ♆	5pm 34	B
	☽ ⚻ ☉	6 54	g
	☉ ± ♅	10 26	
	☽ ∠ ♀	11 47	b
19 W	☽ △ ♇	1am 25	G
	☿ ⚹ ♄	1 29	
	♀ P ♆	2 23	
	☽ ☍ ♅	7 18	B
	☽ ⚹ ♂	9 8	G
	☽ △ ♄	0pm 54	G
	☽ ⚹ ☿	2 26	G
20 TH	☽ ∠ ☉	3am 57	b
	☽ ⚹ ♀	5 0	G
	☿ ± ♃	8 13	
	♀ ▽ ♃	10 40	
	♀ P ♅	4pm 31	
	☽ □ ♄	7 25	b
	☿ P ♀	9 50	
21 F	☿ P ♅	1am 3	
	☽ □ ♃	10 54	b
	☽ ⚹ ☉	0pm 57	G
	☽ □ ♇	2 3	B
	☽ P ♇	6 45	D
22 S	☿ P ♆	0am 34	
	☽ □ ♂	1 38	B
	☉ ▽ ♇	2 15	
	♂ ⚹ ♄	4 16	
	☽ □ ☿	11 58	B
	☽ Q ♀	0pm 16	b
	☿ Q ♆	2 16	
	☽ □ ♀	3 24	B
23 SU	☽ △ ♃	4 40	G
	☽ Q ♅	1am 42	b
	☿ ☌ ♀	9 19	
	☽ P ♄	1pm 11	B
	☽ △ ♆	5 49	G
	♀ ▽ ♃	8 23	
	☽ P ♄	8 52	B
24 M	♂ ± ♃	0am 2	
	☽ ⚹ ♇	1 23	G

Panel 4 (June 25 – July 3)

Date	Aspect	Time	
25 TU	☽ □ ☉	5 23	B
	☽ △ ♅	6 54	G
	☽ ☍ ♄	0pm 55	B
	☽ △ ♂	4 5	G
	☽ △ ♀	0am 10	G
	☉ ▽ ♅	0 33	
	☽ □ ♃	2 18	B
	☽ ∠ ♇	5 54	b
	☽ △ ☿	7 16	G
	☽ P ♇	1pm 23	D
	☽ Q ♂	9 45	b
26 W	☽ □ ♆	2am 22	B
	☽ Q ♀	3 24	b
	☽ ⚻ ♇	9 26	g
	☿ Q ♅	11 28	
	☿ P ♂	2pm 2	
	☽ □ ♅	2 32	B
	☽ Q ☿	3 1	b
	☿ Q ♄	3 18	
	☽ △ ☉	5 32	G
27 TH	☽ ⚹ ♃	8am 9	G
	☿ ± ♆	4pm 32	
	☽ Q ☉	9 38	b
	☽ Q ♄	10 33	h
28 F	☉ ± ♇	5am 52	
	☽ ⚹ ♆	6 49	G
	☽ ∠ ♃	9 34	b
	☉ □ ♄	11 48	
	☽ ☌ ♇	1pm 22	D
	☽ ⚹ ♅	6 3	G
	☽ △ ♄	11 45	G
29 S	☿ P ♃	2am 45	
	☽ ☍ ♂	7 33	B
	☽ ∠ ♆	7 38	b
	☽ ☍ ♀	7 45	B
	♂ □ ♆	9 27	
	☽ ⚻ ♃	10 8	g
	♀ ☌ ♂	11 20	
	☽ P ♀	2pm 10	G
	☽ ∠ ♅	6 31	b
30 SU	☽ ☍ ☿	6am 11	B
	♀ □ ♆	7 3	
	☽ ⚻ ♆	7 46	g
	☉ P ☿	8 18	
	☽ ⚻ ♇	2pm 0	g
	☿ ▽ ♆	6 8	
	☽ ⚻ ♅	6 25	g
JULY			
1 M	☽ □ ♄	0am 5	B
	☿ ± ♅	2 27	
	☽ ☍ ☉	3 58	B
	☽ P ♀	4 30	G
	♂ ▽ ♃	6 9	
	☽ ☌ ♃	9 35	G
	☽ ∠ ♇	1pm 39	b
2 TU	♀ Stat	6am 52	
	☽ Q ♃	7 0	b
	☽ ☌ ♆	7 3	D
	☽ Q ♂	10 30	b
	☽ ⚹ ♇	1pm 14	G
	☿ ▽ ♇	4 6	
	☽ ☌ ♅	5 34	B
	☽ ⚹ ♄	11 26	G
	♀ Q ♆	11 27	
3 W	☽ △ ♀	6am 46	G
	☽ ⚻ ♃	8 32	g
	☽ △ ♂	11 26	G
	☉ ⚻ ♀	11 30	

Panel 5 (July 4 – 12)

Date	Aspect	Time	
4 TH	☽ Q ☿	4pm 24	b
	☉ P ♃	8 34	
	☿ ▽ ♅	11 21	
	☽ ∠ ♄	11 27	b
	☽ ⚻ ♆	6am 49	g
	☽ Q ☉	8 14	b
	☽ ∠ ♃	8 29	b
	☉ ☍ ♃	11 42	
5 F	☽ □ ♇	1pm 14	B
	☉ P ♂	3 24	
	☽ ⚻ ♀	5 42	g
	☽ P ♇	5 51	D
	☽ △ ☿	8 51	G
	☽ ⚻ ♄	0am 2	b
	☽ ∠ ♆	7 30	b
	☽ □ ♀	7 53	B
	☽ ⚹ ♃	9 3	B
	☽ △ ☉	10 47	B
	☿ ± ♇	0pm 7	
	☽ □ ♂	3 3	B
	☿ □ ♄	6 40	
	☽ ∠ ♅	6 42	b
6 S	♂ P ♃	7 30	
	☽ P ♄	5am 21	B
	☽ ⚹ ♆	8 58	G
	☽ P ♄	1pm 17	B
	☽ △ ♀	3 50	G
	☽ ⚹ ♅	8 31	G
7 SU	☽ ☌ ♄	3am 29	B
	☽ □ ♀	9 38	B
	☽ Q ♇	0pm 4	
	☽ ⚹ ♀	0 24	G
	☽ □ ♃	0 33	B
	☽ Q ♇	6 25	b
	♀ ▽ ♃	6 40	
	☽ □ ☉	6 55	B
	☽ ⚹ ♂	10 21	G
8 M	☽ P ♇	2am 53	D
	☿ ☍ ♃	2 56	
	☿ ⚻ ♀	4 22	
	♂ Q ♅	1pm 53	
	☽ □ ♆	2 30	B
	☽ ∠ ♀	4 9	b
	☽ □ ♅	2am 46	B
9 TU	☽ ∠ ♂	3 32	b
	☽ ⚻ ♄	10 25	g
	☿ Q ♇	3pm 36	
	☽ △ ♃	7 25	G
	☽ ⚻ ♀	8 51	g
10 W	♂ Q ♄	3am 12	G
	☽ ⚹ ☉	4 18	G
	☽ ⚹ ♂	7 17	G
	☽ ⚻ ♂	9 37	g
	☽ ∠ ♄	3pm 3	b
	☽ △ ♆	11 13	G
	☽ □ ♃	11 55	b
11 TH	☽ ☍ ♇	7am 0	B
	☉ ⊥ ♀	7 10	
	☿ ⊥ ♀	8 22	
	☉ ☌ ☿	9 1	
	☽ △ ♅	0pm 1	G
	☽ ∠ ☉	2 46	b
	☽ ∠ ♀	3 27	b
	☽ ⚹ ♄	8 15	G
	♂ ± ♆	9 31	
	☽ ⚻ ♀	11 7	
	☿ P ♂	11 11	
12 F	☽ P ♀	0am 10	G
	☽ Q ♆	4 29	b

Day	Aspect	h	m	Code
	☽ • ♀	8	34	G
	☽ □ ♅	5pm	27	b
	☽ ⚺ ☉	10	52	g
	☽ ☌ ♂	11	48	B
13 S	☽ ⚺ ☿	3am	25	g
	☿ P ♃	5	16	
14 SU	☽ □ ♄	7	55	B
	☉ ⚺ ♂	2pm	18	
	☽ ☍ ♃	4	8	B
	☿ ☍ ♆	5	23	
	☽ P ♀	8	38	G
	☽ ⚺ ♀	10	26	g
15 M	☽ □ ♇	0am	17	b
	☽ ⚺ ♂	3pm	37	g
	☽ ☌ ☉	4	15	D
	☽ ☍ ♆	10	19	B
16 TU	☿ ⊥ ♂	3am	50	
	☽ ☌ ☿	4	35	G
	☽ ∠ ♀	5	53	b
	☽ △ ♇	6	33	G
	☽ ☍ ♅	11	31	B
	☿ ∠ ♀	1pm	43	
	☿ △ ♇	3	44	
	☽ △ ♄	8	30	G
	☽ ∠ ♂	11	50	b
17 W	☽ ⚹ ♀	1	32	G
	☿ ☍ ♅	7	55	
18 TH	☽ □ ♄	2am	54	b
	☽ ⚹ ♂	8	5	G
	☽ □ ♀	10	13	b
	☽ ⚺ ☉	10	19	g
	☉ P ♀	2pm	13	
	☉ ☍ ♆	5	56	
	☽ □ ♇	7	14	B
	♄ Stat	8	28	
19 F	☽ P ♇	1am	37	D
	☽ ⚺ ☿	5	53	g
	☿ P ♆	2pm	34	
	☽ △ ♃	4	9	G
	☽ □ ♆	5	7	b
	☽ ∠ ☉	7	11	b
20 S	☿ △ ♄	1am	45	
	☿ P ♅	3	45	
	☽ □ ♀	4	46	B
	☽ □ ♅	6	3	b
	♂ ▽ ♆	8	7	
	☽ ∠ ☿	5pm	48	b
	☽ P ♄	8	26	B
	☽ △ ♆	10	56	G
	☽ ☌ ♂	11	51	B
21 SU	♂ ± ♅	0am	12	
	☽ ⚹ ☉	3	35	G
	☉ P ♆	5	18	
	☽ P ♄	5	22	B
	♀ □ ♅	6	32	
	☽ ⚹ ♇	7	6	G
	☽ △ ♅	11	39	G
	☿ ▽ ♃	5pm	26	
	☽ ☍ ♄	8	41	B
22 M	☽ □ ♃	2am	52	B
	☽ ⚹ ☿	4	42	G
	☽ ∠ ♇	0pm	13	b
	☉ P ♅	1	40	
	☽ △ ♀	6	21	G
	☽ P ♇	10	52	D
23 TU	☉ △ ♇	0am	2	
	☿ ∠ ♂	1	27	
	☽ □ ♆	8	42	B
	☿ P ♀	11	31	
	☽ △ ♂	0pm	54	G
	☽ ⚺ ♇	4	29	g
	☽ □ ☉	5	49	B
	☽ □ ♅	8	39	B
	♀ Q ♄	11	2	
	☽ □ ♀	11	50	b
24 W	☽ ⚹ ♃	10am	38	G
	☿ ± ♃	5pm	33	
	☽ □ ♂	5	49	b
	☽ □ ☉	9	58	B
25 TH	♀ ± ♆	5am	32	
	☉ □ ♄	6	49	
	☽ □ ♄	8	7	b
	☽ ∠ ♃	1pm	4	b
	☽ ⚹ ♆	2	47	G
	☽ ☌ ♇	10	5	D
26 F	☽ P ♇	1am	16	G
	☽ ⚹ ♅	1	49	G
	☽ △ ☉	3	15	G
	♂ ▽ ♇	8	38	
	☽ △ ♄	9	56	G
	☽ ⚺ ♃	2pm	32	g
	☽ ∠ ♆	4	20	b
27 S	☽ ∠ ♅	2am	57	b
	☽ □ ☉	6	11	b
	☽ △ ☿	8	42	G
	☽ ☍ ♀	9	43	B
	☽ ⚺ ♆	5pm	1	g
	☿ ⚹ ♅	10	2	
	☽ ⚺ ♇	11	54	g
28 SU	☿ ☍ ♂	1am	47	B
	☿ □ ♄	2	32	
	☽ ⚹ ♅	3	18	g
	☽ □ ♄	11	2	B
	☽ □ ☿	0pm	9	b
	☽ ☌ ♃	3	5	G
	☽ ∠ ♇	11	49	b
29 M	☉ P ♀	1am	50	
	☿ ▽ ♅	9	41	
	☿ □ ♃	0pm	37	
	☽ ☌ ♆	4	38	D
	☽ ⚹ ♇	11	22	G
30 TU	☽ ☌ ♅	2am	34	B
	☉ △ ♄	4	31	
	☿ ▽ ♆	6	48	
	☽ ⚹ ♄	10	12	G
	☽ ☌ ☉	10	35	B
	☽ P ☿	0pm	14	G
	☽ □ ♀	0	41	b
	☽ ⚺ ♃	1	56	g
31 W	☽ □ ♀	3am	59	B
	☽ ∠ ♄	9	44	b
	☽ ∠ ♃	1pm	23	b
	☽ △ ♀	1	30	G
	☽ ⚺ ♆	3	41	g
	☽ ☍ ♇	7	48	B
	☽ □ ♇	10	35	B
	AUGUST			
1 TH	☽ ⚺ ♅	1am	44	g
	☽ P ♇	3	37	D
	☽ △ ♂	4	54	G
	☽ ⚺ ♄	9	37	g
	☉ ▽ ♃	11	31	
	☽ ⚹ ♃	1pm	13	G
	☽ ∠ ♆	3	40	b
	☿ □ ♇	9	34	
2 F	☽ ∠ ♃	1am	57	b
	♀ ▽ ♆	7	7	
	☿ ± ♄	10	35	
	☽ □ ☉	3pm	42	b
	☽ P ♄	3	45	B
	♀ ± ♅	4	13	
	☽ ⚹ ♆	4	18	G
	☽ □ ♀	4	51	B
	☿ ± ♆	9	46	
	☽ P ♄	10	2	B
	☽ △ ♇	11	40	G
3 S	☿ ▽ ♅	2am	16	
	☽ ⚹ ♅	2	53	G
	☽ □ ♂	8	52	B
	☽ ☌ ♄	11	19	B
	☽ □ ♃	2pm	55	B
	☽ △ ☉	7	5	G
4 SU	☽ □ ♇	1am	26	b
	♂ ± ♇	5	56	
	☽ □ ☿	8	12	b
	☽ P ♇	0pm	27	D
	☽ □ ♆	8	10	B
	☉ ⊥ ♂	11	24	
5 M	☽ ⚹ ♀	0am	11	G
	☽ P ☿	4	41	G
	☽ □ ♅	7	30	B
	♂ □ ♄	10	44	
	☽ △ ♄	2pm	45	G
	☽ ⚺ ♄	4	36	g
	☽ ⚹ ♂	4	56	G
	☽ △ ♃	8	13	G
6 TU	☽ □ ☉	5am	25	B
	☽ ∠ ♀	5	38	b
	☿ ▽ ♄	6	37	
	☽ ∠ ♄	8pm	40	b
	☽ ∠ ♂	10	38	b
	☿ ± ♅	10	43	
	☿ ⚹ ♂	11	38	
7 W	☽ □ ♃	0am	16	b
	☉ ∠ ♀	2	46	
	☽ △ ♆	3	50	G
	☉ ± ♃	5	12	
	☽ P ☉	11	27	G
	☽ ⚺ ♀	0pm	13	g
	☽ ☍ ♇	0	28	B
	☿ △ ♃	0	39	
	☿ ▽ ♇	3	47	
	☽ △ ♅	3	50	G
8 TH	☽ ⚹ ♄	1am	31	G
	♂ ☍ ♃	2	33	
	☽ ⚺ ♂	5	17	g
	☽ □ ☿	7	25	B
	☽ □ ♆	8	53	b
	☿ □ ♆	7pm	54	
	☽ ⚹ ☉	8	8	G
	☽ □ ♅	9	8	b
	☿ P ♇	9	35	
9	♀ ▽ ♅	2	33	
10 S	☽ ☌ ♀	3am	57	G
	☽ ∠ ☉	4	38	b
	♇ Stat	0pm	28	
	☽ □ ♄	0	57	B
	☽ ☍ ♃	4	27	B
	☽ ☌ ♂	8	30	B
11 SU	☽ ⚹ ☿	3am	3	G
	☽ □ ♇	5	49	b
	☽ ⚺ ☉	1pm	31	g
12 M	☽ ☍ ♆	2am	50	B
	☽ △ ♇	0pm	9	G
	☽ ∠ ☿	1	11	b
	☽ ☍ ♅	3	18	B
	☽ P ☉	8	4	G
	☽ ⚺ ♀	9	25	g
13 TU	☽ △ ♄	1am	24	G
	☿ □ ♅	8	14	
	☽ ⚺ ♂	0pm	45	g
	☽ ⚺ ☿	11	12	g
14 W	☽ ∠ ♀	6am	16	b
	☽ ☌ ☉	7	34	D
	☽ □ ♄	7	38	b
	☉ □ ♄	8	24	
	☽ □ ♃	10	56	b
	♀ ± ♇	11	22	
	☿ Q ♇	0pm	32	
	☿ Q ♀	3	56	
	☿ ∠ ♂	8	48	b
	♀ □ ♄	11	20	
15 TH	☽ □ ♇	0am	48	B
	☽ P ♇	6	40	D
	☽ ⚹ ♀	2pm	58	G
	☽ △ ♃	4	57	G
	☽ □ ♆	9	28	b
	☉ □ ♃	10	56	
16 F	♂ P ♃	4am	26	
	☽ ⚹ ♂	4	37	G
	☽ □ ♅	9	40	b
	♀ ☍ ♃	3pm	6	
	☽ P ☿	3	57	G
	☽ • ☉	6	7	G
17 S	☽ ⚺ ☉	0am	52	g
	☽ △ ♆	3	16	G
	☽ P ♄	5	23	B
	☽ P ♄	9	33	B
	☽ ⚹ ♇	0pm	36	G
	☽ △ ♅	3	16	G
	☽ P ☿	6	42	G
	♂ □ ♇	10	9	
18 SU	☽ ☍ ♄	0am	58	B
	☽ □ ♃	4	4	B
	☉ ▽ ♆	6	21	
	☽ □ ♀	7	17	B
	☽ ∠ ☉	8	49	b
	☽ ∠ ♇	5pm	52	b
	☽ □ ♂	6	57	B
19 M	☽ P ♇	7am	21	D
	☽ ⚺ ☿	10	22	g
	☽ □ ♆	1pm	25	B
	☽ ⚹ ☉	4	3	G
	☽ ⚺ ♇	10	31	g
20 TU	☽ □ ♅	0am	54	B
	☿ P ♄	10	56	
	☽ ⚹ ♃	1pm	4	G
	☽ P ☉	4	11	G
	☽ ∠ ♀	5	0	b
	☽ △ ♀	8	52	G
	☿ △ ♆	11	35	
21 W	☽ △ ♂	6am	21	G
	☿ P ♄	9	5	
	☽ □ ♄	1pm	32	b
	☽ ∠ ♃	4	26	b
	☽ ⚹ ♆	8	47	G
	☽ ⚹ ☿	10	28	G
22 TH	☽ □ ♀	2am	11	b
	☽ □ ☉	3	36	B
	☽ ☌ ♇	5	28	D
	☽ ⚹ ♅	7	32	G
	☽ □ ♂	10	36	b
	☽ △ ♄	4pm	7	G
	☽ ⚺ ♃	6	57	g
	☽ ∠ ♆	11	12	b
23 F	☉ □ ♇	5am	48	
	☉ ± ♄	5	59	
	☽ ∠ ♅	9	35	b
	♀ □ ♇	11pm	39	
24 S	☽ ⚺ ♆	0am	46	g
	☽ □ ☿	5	49	B
	☉ ± ♆	8	36	
	☽ ⚺ ♇	9	0	g
	☉ ▽ ♅	9	7	
	☽ ⚺ ♅	10	49	g
	☽ △ ☉	10	56	G
	☽ ☌ ♃	6pm	48	
	☽ ☌ ♃	9	33	
25 SU	☽ ∠ ♇	9am	40	b
	☽ ☍ ♀	0pm	5	B
	☽ □ ☉	1	15	B
	☽ ☌ ♂	5	47	D
26 M	☽ ☌ ♆	1am	51	D
	☽ △ ☿	9	22	G
	☽ ⚹ ♇	9	49	G
	☽ ☌ ♅	11	25	B
	☽ ⚹ ♄	7pm	2	G
	☿ ⚹ ♇	7	21	
	☽ ⚺ ♃	9	46	g
27 TU	☽ □ ☿	10am	19	b
	☿ Q ♀	10	24	
	☽ ∠ ♄	6pm	43	b
	☽ ∠ ♃	9	31	b
28 W	☽ ⚺ ♆	1am	28	g
	☽ P ☉	1	48	G
	☿ □ ♀	7	20	
	☿ □ ♇	9	29	B
	☽ ⚺ ♅	10	57	g
	☽ P ♆	1pm	15	D
	☽ □ ♀	4	57	b
	☽ ☍ ☉	5	52	B
29 TH	☽ ⚺ ♄	6	28	g
	☽ □ ♂	8	37	b
	☽ ⚹ ♃	9	22	G
	☽ ∠ ♆	1am	21	b
	☉ ▽ ♄	2	44	
	☽ P ♂	9	44	G
	☽ ∠ ♅	10	56	b
	☽ △ ♀	6pm	51	G
	☽ △ ♂	9	54	G
30 F	☽ ⚹ ♆	1am	36	G
	☽ P ♄	5	35	B
	☽ P ♄	5	43	B
	☉ ± ♅	9	36	
	☽ △ ♇	9	59	G
	☽ ⚹ ♅	11	22	G
	☽ ☍ ♄	1pm	20	B
	☽ ☌ ♄	7	6	B
	☽ □ ♃	10	17	B
	☉ △ ♃	11	22	
31 S	☽ P ☉	5am	0	G
	☽ □ ♇	11	8	b
	SEPTEMBER			
1 SU	☽ P ♇	0	1	D
	☽ □ ♀	1	0	B
	☽ □ ☉	1	39	b
	☽ □ ♂	2	40	B
	☽ P ☉	3	12	G
	☽ □ ♆	4	6	B
	☽ □ ♅	2pm	29	B
	☽ ⚺ ♄	10	37	g
2 M	☽ △ ♃	2am	14	G
	☽ △ ☉	6	15	G

Panel 1 (September 3–13)

Date	Aspect	h	m	
	♂☍♆	8	48	
	☉□♆	11	55	
	☉P♇	0pm	25	
	♀☍♆	5	34	
	☉∠♂	6	1	
	☽□☿	9	29	b
3 TU	☽∠♄	1am	46	b
	☽□♃	5	40	b
	♀☌♂	7	32	
	☽△♆	10	14	G
	☽⚹♂	11	35	G
	☽⚹♀	11	44	G
	♃Stat	2pm	36	
	☽☍♇	8	5	B
	☽△♅	9	20	G
4 W	☽△♀	1am	45	G
	☿Stat	5	47	
	☽⚹♄	5	53	G
	☽□♆	2pm	43	b
	☽∠♂	5	42	b
	☽∠♀	6	57	b
	☽□☉	7	6	B
5 TH	☽□♅	2am	8	b
	☉∠♀	2pm	31	
6 F	☽⋈♂	0am	44	g
	☽⋈♀	3	13	g
	☽□☿	11	56	B
	☽□♄	4pm	26	B
	☽☍♃	9	9	B
7 S	☽⚹☉	11am	49	G
	☽□♇	0pm	40	b
	♀△♇	5	37	
8 SU	☽☌♅	4am	42	
	☽☍♆	8	9	B
	☉∠♀	10	27	
	☽☌♂	4pm	26	B
	☽△♇	7	3	G
	☽☍♅	7	59	B
	☽∠☉	8	52	b
	☽☌♀	9	33	G
	☽⚹☿	10	38	G
9 M	☽△♄	4am	38	G
	☿⚹♀	6	0	
10 TU	☽∠☿	3	37	b
	☽⚹☉	5	56	g
	☽□♄	10	47	b
	☽□♃	4pm	12	b
	♂△♇	7	13	
11 W	☉Q♇	1am	52	
	☿△♅	3	37	
	☿⚹♂	6	20	
	☽□♇	7	42	B
	☽⚹♅	8	9	g
	☽⚹♅	8	22	g
	♂☍♅	9	19	
	☽P♇	10	57	D
	☿⚹♇	3pm	6	
	☽⋈♀	4	3	g
	☽△♃	10	19	G
	♀△♄	11	3	
12 TH	☽□♆	2am	43	b
	☽P☉	0pm	45	G
	☽□♅	2	14	b
	☽P♀	2	36	G
	☽∠♂	3	52	b
	☽☌☉	11	7	D
13 F	☽∠♀	0am	44	b
	♂P♆	5	58	
	☽△♆	8	19	G

Panel 2 (September 14–23)

Date	Aspect	h	m	
	☽P♄	11	9	B
	☽☌♂	3pm	40	G
	☽P♄	4	15	B
	☽⚹♇	7	8	G
	☽△♅	7	39	G
	☽⚹♂	10	52	G
14 S	♂P♅	1am	15	
	☽☌♄	3	27	B
	☽P☿	7	16	G
	☽⚹♀	8	51	G
	☽□♃	9	23	B
	☽P☉	9	46	G
	♀▽♃	3pm	9	
15 SU	☽∠☉	0am	10	B
	☽⋈☉	2pm	7	g
	☽P♇	3	19	D
	☽□♆	6	5	B
	☽⋈♂	9	3	g
16 M	☽∠♇	4am	39	g
	☽☌♅	4	58	B
	☽□♂	11	4	B
	☽⚹♃	6pm	27	G
	☽∠☉	8	35	b
	☿∠♀	10	33	
	☽∠♀	10	59	b
	☽□♀	11	3	B
17 TU	♂△♄	8am	56	
	☿△♆	9	20	
	☉☌☿	1pm	5	
	☽□♄	3	48	b
	☉△♆	5	2	
	☽∠♃	10	7	b
18 W	☽⚹☉	0am	26	G
	☿P♄	0	38	
	☽⚹♆	1	37	G
	☽⚹☉	2	18	G
	☽☌♇	11	52	D
	☽⚹♅	0pm	0	G
	☽P♀	1	30	G
	☽△♄	6	44	G
	☽△♂	8	33	G
19 TH	☽⚹♃	1am	9	g
	☽∠♀	4	27	b
	☽△♀	10	11	G
	☽∠♅	2pm	36	b
	☿P♄	6	25	
20 F	☽□♂	0am	13	b
	☽□☿	2	3	B
	☽⚹♆	6	41	g
	♀±♃	6	50	
	☉P☿	7	14	
	☽□♀	11	23	B
	♅⚹♃	1pm	15	
	☽□♀	2	33	b
	☽∠♅	4	34	g
	☽⚹♇	4	35	g
	☽☌♂	6	7	
	☽□♄	10	46	B
21 S	☉P♄	2am	10	
	☽☌♃	5	23	G
	☿⊥♀	6	22	
	☽∠♇	6pm	3	b
22 SU	☽△♀	2am	15	G
	☽☌♆	9	26	D
	☽△☉	5pm	38	G
	☽P♀	6	35	G
	☽☌♅	6	55	B
	☽⚹♇	7	3	G
23	☽⚹♄	0am	41	G

Panel 3 (September 23 – October 2)

Date	Aspect	h	m	
M	☽□☿	2	2	b
	☽☍♂	7	23	B
	☽∠♃	7	32	g
	♂▽♃	11	9	
	☉△♅	0pm	30	
	☉⚹♇	3	18	
	☽□☉	8	1	b
	☽☍♀	11	52	B
24 TU	☽∠♄	1am	6	b
	☽∠♃	8	8	b
	☽∠♆	10	37	g
	♀□♄	3pm	9	
	☉P♄	4	51	
	☿∠♃	6	52	
	☽□☿	7	55	g
	☽□♇	8	10	B
	☽P♇	9	22	D
25 W	☽∠♄	1am	23	g
	☽⚹♃	8	39	G
	☽∠♆	11	0	b
	☽P☿	7pm	56	G
	☽∠♅	8	19	b
26 TH	☽☍♂	1am	44	B
	☽P☉	8	49	G
	☽⚹♆	11	32	G
	☽P♄	11	55	B
	☽□♂	0pm	0	b
	☿Stat	5	9	
	☉☍♄	7	11	
	☽P♄	8	33	B
	☽⚹♅	8	56	G
	☽△♇	9	20	G
27 F	☽P☉	1am	1	G
	☽☌♄	2	17	B
	☽●☉	2	51	B
	☽□♀	7	40	b
	☽□♃	10	13	B
	☽△♂	1pm	58	G
	☽P☿	3	28	G
	☽□♇	10	25	G
28 S	☽△♀	11am	11	G
	☽P♇	0pm	22	D
	☽□♆	1	46	B
	♀□♃	5	59	G
	☽□♅	11	36	B
29 SU	☽⋈♄	4am	58	g
	☽□☿	6	18	b
	☽△♃	1pm	54	G
	♀▽♆	6	48	
	☽□♂	7	58	B
	☽P♀	11	33	G
30 M	☽∠♄	7am	24	b
	☽△☿	10	1	G
	☽□☉	2pm	40	b
	☽□♃	4	57	b
	☽△♆	6	49	G
	☽□♀	9	7	B

OCTOBER

Date	Aspect	h	m	
1 TU	☽△♅	5am	16	G
	☽☍♇	5	59	B
	☽⚹♄	10	43	G
	☽△☉	8pm	42	G
	☽□♆	10	40	b
2 W	☉□♃	0am	1	
	♀±♄	0	34	
	☽⚹♂	5	50	G
	☽□♅	9	28	b
	☽P♂	10	32	B

Panel 4 (October 3–13)

Date	Aspect	h	m	
	☽□☿	9pm	51	B
	☉P☿	10am	45	
3 TH	☽⚹♀	11	46	G
	☽∠♂	0pm	17	b
	☽□♄	7	58	B
	☽☍♃	7am	35	B
4 F	☽□☉	0pm	4	B
	♀▽♅	4	56	
	☽P♂	5	4	B
	☽⋈♂	7	35	g
	☽∠♀	8	39	b
	♂±♃	9	9	
	☽□♇	9	19	b
	♀±♆	11	38	
5 S	♀□♇	3am	38	
	☿△♆	0pm	15	
	☽☍♆	3	3	B
	☽⚹☿	3	22	G
6 SU	☽☍♅	2am	30	B
	☽△♇	3	37	G
	☽⋈♀	6	9	g
	☽△♄	7	44	G
	♆Stat	3pm	59	
	☊▽♄	9	19	
7 M	☽∠☿	1am	31	b
	☽⚹☉	6	3	G
	☽☌♂	11	22	B
	☽□♄	1pm	54	b
	☽P♀	11	13	G
8 TU	☽□♃	3am	4	b
	☽⋈☿	11	54	g
	☽∠☉	3pm	1	b
	☽P♇	3	55	D
	☽□♇	4	22	B
9 W	☽☌♀	1am	14	G
	☽P☉	4	10	G
	☉∠♇	7	43	B
	♂□♄	8	54	
	☽△♃	9	21	G
	☽□♆	9	44	b
	☿△♅	1pm	22	
	♀±♅	8	27	
	☽□♅	8	57	b
	☽⋈☉	11	31	g
	☿⚹♇	11	50	
10 TH	♅Stat	0am	56	
	☿P♄	1	5	
	☽⋈♂	2	26	g
	☽P♄	1pm	6	B
	☽△♆	3	15	G
	☽P☿	3	25	G
	☿☍♄	11	44	
11 F	☽P☿	0am	42	G
	☽△♅	2	15	G
	☽⚹♇	3	37	G
	☽P♄	4	35	B
	☽☍♄	6	31	B
	☽☌☿	7	34	G
	☽∠♂	9	4	b
	☽⋈♀	6pm	3	g
	☽□♃	8	19	B
12 S	☿∠♂	0am	55	
	☽∠♇	8	19	b
	☽●●	2pm	14	D
	☽⚹♂	2	57	G
	♀□♆	4	54	
	♀△♃	8	41	
	☽P☉	9	15	G
13	☽P♇	0am	0	D

Panel 5 (October 13–22)

Date	Aspect	h	m	
SU	☽□♆	0	27	B
	☽∠♀	1	13	b
	☽P♀	1	38	G
	☽□♅	10	57	B
	☉⚹♂	11	44	
	☽⋈♇	0pm	23	g
	♀P♇	4	0	
	☉P♀	8	14	
14 M	☽⋈☿	0am	9	g
	☿P♄	0	57	
	☉P♇	1	3	
	☽⚹♃	4	43	G
	☽⚹♀	7	33	G
	☽□♄	5pm	55	b
15 TU	☽□♂	0am	36	B
	☽⋈☉	1	49	g
	☽⚹♆	7	12	G
	☽∠☿	7	13	b
	☽∠♃	8	2	b
	☽P♂	11	1	B
	☿□♃	2pm	12	b
	☽⚹♅	5	17	G
	☽☌♇	6	47	D
	☽△♄	8	36	G
16 W	☽∠☉	6am	35	b
	☽∠♆	9	48	b
	☽⋈♃	10	51	g
	☽⚹☿	1pm	35	G
	☽□♀	6	9	B
	☽∠♅	7	43	b
17 TH	☽△♂	7am	53	G
	☽⚹☉	10	50	G
	☽⚹♆	11	59	b
	♀□♅	0pm	21	
	☽⋈♅	9	46	g
	☽⋈♇	11	19	g
18 F	☽□♄	0am	43	B
	☉□♆	2	57	
	☽□♂	10	53	b
	☽☌♃	3pm	19	G
	☉⊥♇	4	58	
19 S	☽□☿	0am	42	B
	☽∠♀	1	6	b
	☽△♀	2	44	G
	☿∠♇	4	1	
	☽☌♆	3pm	25	D
	☽□☉	6	9	B
	☽P♀	11	43	
20 SU	☽☌♅	1am	1	B
	☽⚹♇	2	38	G
	☽⚹♄	3	38	G
	☽P♀	5	26	B
	☽□♀	6	31	b
	☽⚹♀	6pm	42	g
	♀Q♃	9	9	
21 M	☿⋈♀	2am	39	
	☽∠♄	4	48	b
	☽△☿	10	24	G
	☽P☉	11	2	G
	♂▽♆	11	49	
	☽⚹♆	6pm	2	g
	☽☍♂	6	18	B
	☽∠♃	8	10	b
22 TU	☽△☉	0am	30	D
	☽P♄	3	21	D
	☽⋈♅	3	33	g
	☽□♃	5	14	B
	☽⋈♄	5	53	g
	☽P☿	9	9	G

October

Day	Aspect	Time	F
23 W	⊙Q♃	0pm 53	
	☽□♃	3 0	b
	☽∠♆	7 14	b
	☽✶♃	9 36	G
	☽P♀	2am 24	G
	☽□⊙	3 34	b
	☽∠♅	4 46	b
	♂±♄	5 38	
	☽Ph	4pm 43	B
	☽☍♀	5 6	B
	☿P♇	6 57	
	☽✶♆	8 29	G
	⊙□♅	8 46	
24 TH	☿□♆	2am 45	
	☽✶♅	6 4	G
	☽△♇	7 51	G
	♂□♃	8 0	
	☽☌♄	8 9	B
	☽Ph	9 53	B
	☿⊥♇	1pm 7	
	☽P♀	8 1	G
	⊙⊼♇	10 54	
25 F	☽□♃	0am 47	B
	☽□♂	1 19	b
	⊙∇♄	1 29	
	☽□♇	9 27	b
	♀△♆	9 45	
	☿✶♂	10 0	
	☽□♆	11pm 40	B
	☽P♇	11 59	D
26 S	♄△♇	3am 16	
	☽△♂	4 11	G
	♂☍☿	5 52	B
	☽□♅	9 30	BB
	☽✶♄	11 23	g
	☽P☿	11 52	B
	☽☍⊙	2pm 11	B
27 SU	☿Q♃	1am 45	
	☽△♃	5 22	G
	☽□♀	5 43	b
	☽P⊙	7 17	G
	☽P♂	11 52	B
	☿□♅	0pm 5	
	☽∠♄	1 42	b
28 M	☿∇♄	1am 55	
	☿⊼♇	4 39	
	☽△♆	4 41	G
	☽□♃	8 33	b
	☽△♀	11 19	G
	⊙P♂	11 23	
	☽□♂	11 44	B
	☽△♅	3pm 1	G
	☽✶♄	4 41	G
	☽☌♇	5 8	B
	♀P♄	7 2	
	♀⊼♂	7 34	
29 TU	☽□♆	8am 14	b
	☽□♅	6pm 52	b
30 W	☽□☿	3am 3	b
	♀△♅	4 15	
	☽□⊙	6 50	b
	☿P♂	1pm 26	
	⊙±♄	5 48	
	♀☍♇	7 28	
	☽✶♂	10 38	G
31 TH	☽☌♄	0am 58	B
	☽□♀	1 36	B
	⊙⊥♀	3 57	
	♀✶♇	4 28	

October (continued) / NOVEMBER

Day	Aspect	Time	F
	☽△☿	0pm 22	G
	☿±♄	2 8	
	☽△⊙	2 22	G
	♂∇♅	7 48	
	☽☍♃	10 57	B
NOVEMBER			
1 F	☽∠♂	5am 24	b
	☽□♇	7 25	b
	♂±♆	9 36	
	♂∇♄	10pm 52	
	☽✶♆	11 34	B
	⊙☌♅	11 55	
2 S	☽☍♅	11am 2	B
	☽△♄	0pm 10	G
	☽⊼♂	0 52	g
	☽△♀	1 32	G
	☽P⊙	2 42	G
	☽P☿	3 42	G
	☽✶♀	7 49	G
	☿⊥♀	10 8	
3 SU	⊙P☿	0am 10	
	♂□♇	4 32	
	☽□⊙	7 50	B
	☽□☿	9 47	B
	☽P♂	5pm 33	B
	☽□♄	6 23	b
4 M	☿Q♆	1am 40	
	☿✶♃	3 20	
	☽∠♀	5 39	b
	☽□♃	6pm 46	b
	☽P♇	10 27	D
5 TU	☽☍♇	2am 25	B
	♂☌♂	4 28	B
	⊙Q♆	8 56	
	☿Q♂	9 47	
	♀P♄	1pm 13	
	☽⊼♀	3 20	g
	⊙✶♃	5 25	G
	☽□♆	6 30	b
	☿□♄	11 26	
6 W	☽△♃	1am 17	G
	☽✶⊙	1 53	G
	☽□♅	5 54	b
	☽✶☿	7 36	G
	☽P♀	3pm 2	G
	☽P♄	6 1	B
7 TH	☽△♆	0am 13	G
	☽∠⊙	10 1	b
	☽△♅	11 23	B
	☽☌♄	11 48	B
	☽✶☿	1pm 57	G
	☿Q♅	4 22	
	☽P♄	5 8	B
	☽∠☿	5 19	b
	☽⊼♂	6 26	g
	☽P♀	11 50	G
8 F	⊙□♄	7am 17	
	☽☌♀	8 24	G
	☽□♃	0pm 23	B
	☽⊼⊙	5 9	g
	☽∠♇	6 36	b
9 S	☽∠♂	0am 6	b
	☽⊼☿	1 47	g
	☽□♆	9 23	B
	☽P♇	10 25	D
	☽□♅	7pm 56	B
	⊙Q♂	9 53	

NOVEMBER (continued)

Day	Aspect	Time	F
	☽⊼♇	10 25	g
10 SU	☽P♂	3am 22	B
	☽✶♂	4 50	G
	♀□♃	8 3	
	♄✶♅	4pm 49	
	☽✶♃	8 7	G
	☽⊼♀	9 9	g
	☽□♄	10 58	b
11 M	☽☌⊙	4am 16	D
	⊙Q♅	4 52	
	☽☌☿	3pm 7	G
	☽✶♆	3 19	G
	☿✶♆	4 52	
	☽∠♃	10 51	b
12 TU	☽△♄	1am 12	G
	☽✶♅	1 21	G
	☽∠♀	2 4	b
	☽☌♇	3 45	D
	♂±♅	10 6	
	☽□♂	11 48	B
	☽∠♆	5pm 19	b
	♀∠♇	9 50	
13 W	☽⊼♃	1am 1	g
	☿P♅	1 52	
	☽∠♅	3 12	b
	☽P⊙	5 49	G
	☽✶♀	6 18	G
	☿P♆	10 3	
	☽⊼⊙	0pm 10	g
	☽⊼♆	6 55	g
14 TH	☽⊼☿	1am 1	g
	☽□♄	4 19	B
	☽⊼♅	4 42	g
	☽P⊙	6 9	G
	☽⊼♇	7 4	g
	☽∠⊙	3pm 27	b
	☽△♂	4 44	G
	☿∠♃	7 15	
15 F	☽☌♃	4am 24	G
	☽∠☿	5 24	b
	☿△♄	6 34	
	☽∠♇	8 24	b
	☿✶♅	11 10	
	☽□♀	1pm 43	B
	☽✶⊙	6 36	G
	☽□♂	6 56	b
	☽☌♆	9 32	D
16 S	☽✶♄	6am 42	G
	☽☌♅	7 18	B
	☽✶☿	9 42	G
	☽✶♇	9 42	G
	☿☌♇	9 43	
17 SU	☽⊼♃	7 37	g
	☽∠♄	7 58	b
	⊙✶♆	0pm 51	
	☽△♀	9 8	G
18 M	☽⊼♆	0am 17	g
	☽□⊙	1 9	B
	☽P♂	2 12	B
	☽P♇	8 8	D
	☽⊼♄	9 23	g
	☽∠♃	9 26	b
	☽⊼♅	10 12	g
	☽□♇	0pm 40	B
	☽P♀	0 49	G
	☿P♃	5 1	
	☽□☿	6 47	B
	♂□♆	10 10	
19	☽□♀	1am 10	b

NOVEMBER (continued)

Day	Aspect	Time	F
19 TU	☽∠♆	1 56	b
	☽☍♂	2 4	B
	♀□♆	9 57	
	☽✶♃	11 28	G
	☽∠♅	11 57	b
	♀∠♂	5pm 55	
	☽P♄	9 29	B
20 W	☽✶♆	3am 48	G
	♀P♇	7 37	
	☽△⊙	8 38	G
	♀⊥♇	11 33	
	☽☌♄	0pm 53	B
	☽✶♅	1 56	G
	☽△♇	4 28	G
	☽P♄	7 31	B
21 TH	♀P♂	4am 42	
	☽△☿	5 2	G
	☿⊥♃	11 11	
	☽□⊙	0pm 51	b
	☿∠♆	1 9	
	☽□♃	4 18	B
	☽☍♇	6 46	b
22 F	☽□♆	8am 21	B
	☽P♇	9 51	D
	☽☍☿	10 45	b
	☽P♂	10 46	B
	☽☍♂	11 23	b
	☽☍♀	3pm 15	B
	☽P♀	4 25	G
	☽⊼♄	5 28	g
	⊙△♄	5 45	
	☽□♅	6 45	B
	☿□♂	7 1	
23 S	⊙P♅	5am 9	
	♂P♇	5 45	
	⊙✶♅	11 38	
	♀∇♄	3pm 7	
	☽△♂	3 12	G
	☽∠♄	8 17	b
	⊙∠♃	10 8	
	☽△♃	10 29	G
24 SU	⊙P♆	3am 26	
	♀□♅	6 38	
	☽△♆	2pm 19	G
	☽✶♄	11 34	G
	⊙☌♇	11 55	
25 M	☽△♅	1am 8	G
	☽□♃	2 16	b
	☽☍♇	3 51	B
	☽☍⊙	4 10	B
	☿∠♅	11 47	
	♀⊼♇	0pm 10	
	☽□♆	6 3	b
26 TU	☿⊼♃	0am 14	
	☽□♂	0 23	B
	☽□♅	5 6	b
	☽☍☿	7 22	B
	☽□♀	9 57	b
27 W	☽□♄	7 51	B
	☿⊥♆	2pm 18	D
	☿Q♃	3 19	g
	⊙⊼♀	5 13	b
	☽△♀	5 45	G
28 TH	♀±♄	10am 24	
	☽✶♂	0pm 16	G
	☽☍♃	5 23	B
	☽□♇	5 56	b
29 F	☽□⊙	1am 48	b
	☽☍♆	9 1	B

NOVEMBER (continued) — this column reads below the resolution of the available scan; individual cells could not be resolved reliably.

Day	Aspect	Time	F
29 F (cont.)	[illegible]	[illegible]	[illegible]

NOVEMBER (continued) / DECEMBER

Day	Aspect	Time	F
	☽△♄	6pm 45	G
	☽∠♂	7 17	b
	☽☍♅	8 55	BB
	☽△♇	11 54	G
30 S	♃∠♇	9am 12	
	☽△⊙	10 36	G
	☽□☿	11 37	b
	☽□♀	11 59	BB
	☽P♀	7pm 34	G
DECEMBER			
1 SU	☽□♄	0am 58	b
	☽⊼♂	2 48	g
	☿⊼♀	3 18	
	♂□♅	4pm 15	
	☿⊥♅	4 19	
	☽⊼♆	4 59	
	☽△♃	10 22	G
2 M	☽P♇	6am 22	D
	♃Q♄	8 5	
	☽☍♇	0pm 52	B
	☽□♃	1 36	b
	⊙∠♆	6 9	
	☽P♂	6 30	B
3 TU	☽□♆	4am 11	b
	☽□⊙	5 6	B
	☽✶♀	7 53	G
	♄ Stat	0pm 36	
	☽□♅	4 16	b
	☽☌♂	6 3	B
	☽△♃	8 24	G
4 W	☽P♄	2am 53	B
	♀Q♆	7 3	
	☽△♃	10 17	G
	☽∠♀	5pm 15	b
	☽□♀	7 0	B
	☽☍♄	7 35	BB
	☽△♅	10 10	G
	⊙P♃	10 25	
5 TH	☿□♄	0am 0	
	☽✶♇	1 3	G
	⊙⊥♃	1 9	
	☽P♄	4 5	B
	♀□♄	4pm 13	
	☽✶⊙	9 40	G
	☿⊼♅	10 45	
6 F	☽⊼♀	1am 35	g
	☽∠♇	6 2	b
	☽⊼♂	6 58	g
	☽P♂	7 12	B
	☽□♃	7 57	B
	☽□♀	8pm 11	B
	☽P♇	10 18	D
7 S	☿⊼♇	0am 22	
	☽∠⊙	4 16	b
	☽□♅	7 22	B
	☽⊼♇	10 2	g
	☽✶☿	11 9	G
	☽∠♂	11 51	B
8 SU	☽□♄	7 54	B
	☽⊼⊙	9 35	g
	♂△♃	9 44	
	☽☌♀	2pm 17	G
	☽✶♃	3 30	G
	☽✶♂	3 37	G
	☽∠♂	5 2	b
	⊙∠♅	9 43	
9 M	☽✶♆	2am 9	G
	♀✶♃	6 20	

Date	Aspect	Time	
	♀ Q ♅	7	4	
	☽ △ ♄	10	4	G
	☽ P ♀	11	18	G
	♀ ⚹ ♂	0pm	22	
	☽ ⚹ ♅	0	37	G
	☽ ☌ ♇	3	5	D
	☽ ∠ ♃	5	50	b
	☽ ⊼ ☿	9	37	g
10 TU	☽ ∠ ♆	3am	48	b
	☽ ∠ ♅	2pm	1	b
	☽ ☌ ☉	4	56	D
	☽ ⊼ ♃	7	24	g
	☽ □ ♂	8	21	B
	☽ ⊼ ♀	10	17	g
11 W	☽ ⊼ ♆	4am	50	g
	☽ □ ♄	0pm	20	B
	☽ ⊼ ♅	2	53	g
	☿ ⊥ ♇	2	59	
	☽ ⊼ ♇	5	14	g
	☉ ⊥ ♆	9	23	
12 TH	☽ ∠ ♀	1am	14	b
	☽ ☌ ☿	4	10	G
	☍ Q ♇	10	52	
	☉ ⊼ ♃	0pm	45	
	☽ P ♀	3	59	G
	☽ ∠ ♇	5	47	b
	☽ ☌ ♃	9	20	G
	☽ ⊼ ☉	9	50	g
	☽ △ ♂	11	1	G
13	☽ ⚹ ♀	3am	58	G

Date	Aspect	Time	
F	☽ ☌ ♆	5	59	D
	☽ ⚹ ♄	1pm	22	G
	☽ ☌ ♅	4	1	B
	☽ ⚹ ♇	6	19	G
14 S	☽ ∠ ☉	0am	8	b
	☽ □ ♂	0	15	b
	☉ □ ♂	2	42	
	♀ ⚹ ♆	4	30	
	☽ ⊼ ☿	9	29	g
	☽ ∠ ♄	2pm	1	b
	☽ ⊼ ♃	11	16	g
15 SU	☽ ⚹ ☉	2am	44	G
	☽ ⊼ ♆	7	27	g
	☽ □ ♀	9	56	D
	☽ ∠ ☿	0pm	23	b
	☽ P ♇	2	2	D
	☽ ⊼ ♄	2	58	g
	☽ ⊼ ♅	5	47	g
	☽ □ ♇	8	7	B
16 M	☽ ∠ ♃	0am	44	b
	☽ ∠ ♆	8	44	b
	☽ P ♂	0pm	53	B
	☽ ⚹ ☿	3	39	G
	☽ ∠ ♅	7	18	b
17 TU	☽ ⚹ ♃	2am	43	G
	☽ P ♄	4	36	B
	☽ ☍ ♂	6	1	B
	☽ □ ☉	9	31	B
	☽ ⚹ ♆	10	31	G
	☽ △ ♀	6pm	3	G

Date	Aspect	Time	
	☽ ☌ ♄	6	18	B
	♀ △ ♄	8	53	
	☽ ⚹ ♅	9	19	G
	☉ ⊼ ♆	11	38	
	☽ △ ♇	11	42	G
18 W	☽ P ♄	1am	28	B
	☉ ⊥ ♅	4	31	
	☽ P ♂	3pm	54	B
	☽ □ ♀	11	8	b
	☽ □ ☿	11	24	B
19 TH	☽ □ ♇	2am	17	b
	☿ ∠ ♀	5	49	
	♀ ⚹ ♅	7	31	
	☽ □ ♃	8	17	B
	☽ □ ♆	3pm	39	B
	☉ P ☿	5	25	D
	☽ P ♇	6	0	D
	☽ △ ☉	6	51	G
	☽ ⊼ ♄	11	42	g
20 F	☽ □ ♅	2am	56	B
	♀ ☌ ♇	10	5	b
	☽ □ ♂	4pm	31	B
21 S	☽ □ ☉	0am	26	b
	☽ ∠ ♄	3	0	b
	☽ △ ☿	8	18	G
	☽ △ ♃	3pm	55	G
	♀ P ♅	7	33	B
	☽ △ ♂	9	1	B
	☽ △ ♆	10	42	G
	☿ Q ♄	10	50	

Date	Aspect	Time	
22 SU	☽ ⚹ ♄	7am	1	G
	☿ ∠ ♇	10	6	
	☽ △ ♅	10	26	G
	☉ □ ♄	0pm	8	
	☽ ☍ ♇	0	52	B
	☽ □ ☿	0	55	b
	☽ ☍ ♀	6	13	B
	☽ □ ♃	8	26	b
23 M	☽ □ ♆	2am	55	b
	♀ P ♆	3	12	
	☽ □ ♅	2pm	53	b
	☿ Stat	7	45	
	♀ ∠ ♃	9	25	
	♀ Q ♂	10	10	
24 TU	☽ □ ♂	7am	29	B
	☉ ⊼ ♅	9	28	
	♂ △ ♆	11	11	
	☽ □ ♄	4pm	11	B
	☿ ∠ ♇	7	15	
	☽ ☍ ☉	8	41	B
25 W	☿ Q ♄	5am	52	
	☉ ⊼ ♇	4pm	18	
26 TH	☿ P ♃	0am	55	
	☽ ☍ ♅	2	46	B
	☽ □ ♇	3	41	b
	☽ ☍ ♃	1pm	2	B
	♀ ∠ ♆	1	10	
	☽ ☍ ♆	6	27	B
	☽ □ ♀	7	2	b
	☽ ⚹ ♂	8	2	G

Date	Aspect	Time	
27 F	☿ ⊥ ♀	0am	47	
	☽ △ ♄	3	22	G
	☽ ☍ ♅	7	10	B
	☿ P ♀	7	39	
	☽ △ ♇	9	36	G
28 S	☽ ∠ ♂	3	3	b
	☽ △ ♀	4	38	G
	☽ □ ♄	9	39	b
	♀ P ♃	11	4	
	☽ □ ☉	10pm	28	b
29 SU	☽ ⊼ ♂	10am	25	g
	☽ P ♇	2pm	34	D
	☽ □ ☿	3	43	b
	☿ ⊼ ♀	8	24	
	☽ □ ♇	10	32	B
30 M	☽ △ ☉	7am	52	G
	☽ □ ♃	9	42	b
	☽ □ ♆	1pm	43	b
	☽ △ ☿	7	31	G
31 TU	☽ □ ♀	0am	48	B
	☽ □ ♅	2	48	b
	☽ P ♂	7	22	B
	☽ P ♄	2pm	51	B
	☽ △ ♃	4	41	G
	☉ ⊥ ♇	6	35	
	☽ △ ♆	8	9	G
	♀ ∠ ♅	8	27	

Note. - To obtain Local Mean Time of aspect, add the time equivalent
of the longitude if East and subtract if West.

G.M.T. AND EPHEMERIS TIME

The tabulations and times in this ephemeris are in G.M.T.

From 1960 to 1982 the tabulations were in Ephemeris Time (E.T.) but it should be pointed out that the maximum correction to phenomena or aspects using E.T. as compared with G.M.T. did not exceed 53 seconds and that any correction should be considered as negligible in normal use.

DISTANCES APART OF ALL ☌s AND ☍s IN 1996

Note: The Distances Apart are in Declination

JANUARY

Day	Aspect	Time	°	'
1	☿ ☌ ♅	4am33	0	49
1	♂ ☌ ♆	4pm26	1	32
2	☽ ☍ ♇	6am28	9	33
4	☽ ☍ ♃	3pm32	4	22
5	☽ ☍ ☉	8pm51	4	55
6	☽ ☍ ♆	5pm13	4	26
7	☽ ☍ ♂	1am17	5	55
7	☽ ☍ ♅	2am54	5	22
7	☽ ☍ ☿	0pm53	4	46
8	♂ ☌ ♅	3am38	0	32
9	☽ ☍ ♀	0am32	5	43
11	☽ ☍ ♄	7am00	4	20
13	☿ ☌ ♂	11am20	2	47
16	☉ ☌ ♆	2am54	0	29
16	☽ ☌ ♇	5pm27	9	28
17	☿ ☌ ♅	4am02	3	16
18	☽ ☌ ♃	7pm35	4	33
18	☉ ☌ ☿	9pm40	3	6
20	☽ ☌ ♆	6am02	4	26
20	☽ ☌ ☿	7am22	1	36
20	☽ ☌ ☉	0pm50	4	50
20	☽ ☌ ♅	2pm00	5	21
20	☿ ☌ ♆	10pm59	2	54
21	☽ ☌ ♂	5am01	5	37
21	☉ ☌ ♅	7am21	0	31
23	☽ ☌ ♀	5am04	4	18
24	☽ ☌ ♄	0am33	4	9
29	☽ ☍ ♇	2pm10	9	25

FEBRUARY

Day	Aspect	Time	°	'
1	☽ ☍ ♃	10am02	4	41
2	☽ ☍ ☿	1pm02	2	48
2	♀ ☌ ♄	2pm33	1	3
3	☽ ☍ ♆	1am34	4	26
3	☽ ☍ ♅	0pm22	5	20
4	☽ ☍ ☉	3pm58	4	20
5	☽ ☍ ♂	5am22	5	2
7	☽ ☍ ♄	5pm44	3	55
8	☽ ☍ ♀	5am31	2	8
11	☿ ☌ ♆	2pm08	0	4
13	☽ ☌ ♇	2am06	9	20
15	☽ ☌ ♃	2pm27	4	50
16	☽ ☌ ♆	6pm14	4	30
16	☿ ☌ ♅	9pm00	0	14
17	☽ ☌ ♅	3am18	5	22
17	☽ ☌ ☿	3am50	5	10
18	☽ ☌ ☉	11pm30	3	36
19	☽ ☌ ♂	4am55	4	22
20	☽ ☌ ♄	4pm16	3	45
22	☽ ● ♀	4am39	0	3
25	☽ ☍ ♇	10pm18	9	19
29	☽ ☍ ♃	3am39	4	57

MARCH

Day	Aspect	Time	°	'
1	☽ ☍ ♆	10am25	4	32
1	☽ ☍ ♅	10pm22	5	24
3	☽ ☍ ☿	4pm25	5	47
4	☉ ☌ ♂	2pm02	0	54
5	☽ ☍ ♂	9am02	3	29
5	☽ ☍ ☉	9am23	2	34
6	☽ ☍ ♄	6am13	3	35
9	☽ ☍ ♀	3am14	2	46
11	☽ ☌ ♇	7am58	9	19
14	☽ ☌ ♃	5am18	5	3
15	☽ ☌ ♆	3am37	4	36
15	☽ ☌ ♅	1pm53	5	26
17	☉ ☌ ♄	7pm04	1	51
18	☽ ☌ ☿	6pm19	4	8
19	☽ ☌ ♂	5am02	2	35
19	☽ ☌ ♄	8am16	3	28
19	☽ ☌ ☉	10am45	1	30
22	♂ ☌ ♄	1am48	1	3
23	☽ ☌ ♀	2am59	5	7
23	☿ ☌ ♄	9am24	0	17
24	☿ ☌ ♂	3am17	0	44
24	☽ ☍ ♇	6am49	9	22
27	☽ ☍ ♃	7pm20	5	7
28	☉ ☌ ☿	7am37	1	5
28	☽ ☍ ♆	7pm32	4	37
29	☽ ☍ ♅	8am30	5	27

APRIL

Day	Aspect	Time	°	'
2	☽ ☍ ♄	8pm25	3	21
3	☽ ☍ ♅	11am34	1	31
4	☽ ● ☉	0am07	0	13
4	☽ ☍ ☿	3pm19	0	30
6	♀ ☍ ♇	3pm08	16	40
7	☽ ☌ ♇	1pm12	9	26
7	☽ ☍ ♀	2pm49	7	22
10	☽ ☌ ♃	3pm50	5	8
11	☽ ☌ ♆	10am13	4	37
11	☽ ☌ ♅	9pm24	5	27
15	☽ ☌ ♄	10pm29	3	14
17	☽ ● ♂	4am50	0	32
17	☽ ● ☉	10pm49	0	57
19	☽ ☌ ☿	1pm35	5	5
20	☽ ☍ ♇	2pm48	9	30
21	☽ ☌ ♀	4pm15	8	47
24	☽ ☍ ♃	7am28	5	8
25	☽ ☍ ♆	4am11	4	35
25	☽ ☍ ♅	5pm51	5	26
30	☽ ☍ ♄	11am22	3	7

MAY

Day	Aspect	Time	°	'
2	☽ ☍ ♂	0pm23	0	35
3	☽ ☍ ☉	11am48	2	13
4	☽ ☍ ☿	1pm46	5	22
4	☽ ☌ ♇	7pm48	9	35
6	☽ ☍ ♀	9am29	9	16
7	☽ ☌ ♃	11pm04	5	6
8	☽ ☌ ♆	3pm51	4	32
9	☽ ☌ ♅	3am19	5	23
13	☽ ☌ ♄	10am04	3	1
15	☉ ☌ ☿	1am12	0	37
16	☽ ☌ ♂	4am00	1	35
17	☽ ☌ ☿	4am53	1	46
17	☽ ☌ ☉	11am46	3	15
17	☽ ☍ ♇	9pm23	9	37
20	☽ ☌ ♀	0am54	8	28
21	☽ ☍ ♃	2pm39	5	4
22	☽ ☍ ♆	11am38	4	27
22	☉ ☍ ♇	1pm49	13	12
23	☽ ☍ ♅	1am34	5	18
28	☽ ☍ ♄	1am26	2	53
29	☿ ☌ ♂	10am02	3	18
31	☽ ☍ ☿	9am13	0	54
31	☽ ☍ ♂	11am05	2	38

JUNE

Day	Aspect	Time	°	'
1	☽ ☌ ♇	4am09	9	36
1	☽ ☍ ☉	8pm47	4	11
2	☽ ☍ ♀	5pm58	6	4
4	☽ ☌ ♃	4am32	5	2
4	☽ ☌ ♆	10pm33	4	24
5	☽ ☌ ♅	9am42	5	15
9	☽ ☌ ♄	7pm23	2	46
10	☉ ☌ ♀	4pm19	0	30
14	☽ ● ☿	0am31	0	25
14	☽ ☌ ♂	2am19	3	30
14	☽ ☍ ♇	2am28	9	34
14	♂ ☍ ♇	4am52	13	4
14	☿ ☍ ♇	8pm37	10	9
15	☽ ☌ ♀	9am44	2	51
15	☿ ☌ ♂	7pm12	2	48
16	☽ ☌ ☉	1am36	4	44
17	☽ ☍ ♃	4pm48	5	1
18	☽ ☍ ♆	5pm34	4	19
19	☽ ☍ ♅	7am18	5	10
23	☿ ☌ ♀	9am19	1	32
24	☽ ☍ ♄	0pm55	2	38
28	☽ ☌ ♇	1pm22	9	26
29	☽ ☍ ♂	7am33	4	21
29	☽ ☍ ♀	7am45	0	19
29	♀ ☌ ♂	11am20	4	3
30	☽ ☍ ☿	6am11	4	32

JULY

Day	Aspect	Time	°	'
1	☽ ☍ ☉	3am58	4	59
1	☽ ☌ ♃	9am35	5	3
2	☽ ☌ ♆	7am03	4	18
2	☽ ☌ ♅	5pm34	5	9
4	☉ ☍ ♃	11am42	0	4
7	☽ ☌ ♄	3am29	2	34
8	☿ ☍ ♃	2am56	1	0
11	☽ ☍ ♇	7am00	9	18
11	☉ ☌ ☿	9am01	1	26
12	☽ ● ♀	8am34	0	22
12	☽ ☌ ♂	11pm48	4	56
14	☽ ☍ ♃	4pm08	5	4
14	☿ ☍ ♆	5pm23	2	9
15	☽ ☌ ☉	4pm15	4	50
15	☽ ☍ ♆	10pm19	4	16
16	☽ ☌ ☿	4am35	6	23
16	☽ ☍ ♅	11am31	5	8
17	☿ ☍ ♅	7pm55	1	10
18	☉ ☍ ♆	5pm56	0	29
21	☽ ☍ ♄	8pm41	2	29
25	☉ ☍ ♅	6am49	0	36
25	☽ ☌ ♇	10pm05	9	4
27	☽ ☍ ♀	9am43	0	11
28	☽ ☍ ♂	1am47	5	26
28	☽ ☌ ♃	3pm05	5	10
29	☽ ☌ ♆	4pm38	4	18
30	☽ ☌ ♅	2am34	5	10
30	☽ ☍ ☉	10am35	4	21
31	☽ ☍ ☿	7pm48	4	7

AUGUST

Day	Aspect	Time	°	'
3	☽ ☌ ♄	11am19	2	28
7	☽ ☍ ♇	0pm28	8	53
8	♂ ☍ ♃	2am33	0	25
10	☽ ☌ ♀	3am57	1	12
10	☽ ☍ ♃	4pm27	5	14
10	☽ ☌ ♂	8pm30	5	41
12	☽ ☍ ♆	2am50	4	21
12	☽ ☍ ♅	3pm18	5	12
14	☽ ☌ ☉	7am34	3	34
16	♀ ☍ ♃	3pm06	3	34
16	☽ ● ☿	6pm07	0	17
18	☽ ☍ ♄	0am58	2	29
22	☽ ☌ ♇	5am28	8	39
24	☽ ☌ ♃	9pm33	5	21
25	☽ ☍ ♀	0pm05	2	23
25	☽ ☍ ♂	5pm47	5	47
26	☽ ☌ ♆	1am51	4	25
26	☽ ☌ ♅	11am25	5	16
28	☽ ☍ ☉	5pm52	2	37
30	☽ ☍ ☿	1pm20	2	44
30	☽ ☌ ♄	7pm06	2	33

SEPTEMBER

Day	Aspect	Time	°	'
2	♂ ☍ ♆	8am48	1	19
2	♀ ☍ ♆	5pm34	1	34
3	♀ ☌ ♂	7am32	2	51
3	☽ ☍ ♇	8pm05	8	29
6	☽ ☍ ♃	9pm09	5	25
8	♀ ☍ ♅	4am42	2	11
8	☽ ☍ ♆	8am09	4	28
8	☽ ☌ ♂	4pm26	5	42
8	☽ ☍ ♅	7pm59	5	19
8	☽ ☌ ♀	9pm33	3	9
11	♂ ☍ ♅	9am19	0	21
12	☽ ☌ ☉	11pm07	1	28
13	☽ ☌ ☿	3pm40	2	51
14	☽ ☍ ♄	3am27	2	39
17	☉ ☌ ☿	1pm05	2	53
18	☽ ☌ ♇	11am52	8	18
21	☽ ☌ ♃	5am23	5	29
22	☽ ☌ ♆	9am26	4	31
22	☽ ☌ ♅	6pm55	5	21
23	☽ ☍ ♂	7am23	5	29
23	☽ ☍ ♀	11pm52	3	27
26	☽ ☍ ☿	1am44	1	11
26	☉ ☍ ♄	7pm11	2	24
27	☽ ☌ ♄	2am17	2	45
27	☽ ● ☉	2am51	0	19

OCTOBER

Day	Aspect	Time	°	'
1	☽ ☌ ♇	5am59	8	12
4	☽ ☍ ♃	7am35	5	30
5	☽ ☍ ♆	3pm03	4	32
6	☽ ☍ ♅	2am30	5	21
7	☽ ☌ ♂	11am22	5	10
9	☽ ☌ ♀	1am14	3	11
10	☿ ☍ ♄	11pm44	0	36
11	☽ ☍ ♄	6am31	2	50
11	☽ ☌ ☿	7am34	2	12
12	☽ ● ☉	2pm14	0	59
15	☽ ☌ ♇	6pm47	8	6
18	☽ ☌ ♃	3pm19	5	29
19	☽ ☍ ♆	3pm25	4	30
20	☽ ☌ ♅	1am01	5	19
21	☽ ☌ ♂	6pm18	4	45
23	☽ ☍ ♀	5pm06	2	26
24	☽ ☌ ♄	8am09	2	53
26	☽ ☍ ☿	5am52	0	45
26	☽ ☍ ☉	2pm11	2	8

Note: The Distances Apart are in Declination

Day	Aspect	Time	°	′
28	☽☍♇	5pm08	8	3
30	♀☍♄	7pm28	0	57
31	☽☍♃	10pm57	5	26
NOVEMBER				
1	☽☍♆	11pm34	4	27
1	☉☌☿	11pm55	0	18
2	☽☍♅	11am02	5	15
5	☽☌♂	4am28	4	18
7	☽☍♄	11am48	2	53
8	☽☌♀	8am24	1	14
11	☽☌☉	4am16	3	18
11	☽☌☿	3pm07	4	26
12	☽☌♇	3am45	8	1
15	☽☌♃	4am24	5	20
15	☽☌♆	9pm32	4	22
16	☽☌♅	7am18	5	8
16	☿☌♇	9am43	13	22
19	☽☍♂	2am04	3	51
20	☽☌♄	0pm53	2	49
22	☽☍♀	3pm15	0	9
24	☉☌♇	11pm55	12	9
25	☽☍♇	3am51	7	59
25	☽☍☉	4am10	4	10
26	☽☍☿	7am22	6	49
28	☽☍♃	5pm23	5	12
29	☽☍♆	9am01	4	16
29	☽☍♅	8pm55	5	1
DECEMBER				
3	☽☌♂	6pm03	3	23
4	☽☍♄	7pm35	2	40
8	☽☌♀	2pm17	1	51
9	☽☌♇	3pm05	7	56
10	☽☌☉	4pm56	4	49
12	☽☌☿	4am10	7	8
12	☽☌♃	9pm20	5	4
13	☽☌♆	5am59	4	10
13	☽☌♅	4pm01	4	53
17	☽☍♂	6am01	3	1
17	☽☌♄	6pm18	2	30
20	♀☌♇	10am05	10	58
22	☽☍♇	0pm52	7	54
22	☽☍♀	6pm13	3	17
24	☽☍☉	8pm41	4	59
26	☽☍☿	2am46	4	17
26	☽☍♃	1pm02	4	55
26	☽☍♆	6pm27	4	5
27	☽☍♅	7am10	4	46

TIME WHEN THE SUN, MOON AND PLANETS ENTER THE ZODIACAL SIGNS IN 1996

JANUARY

Day	Body	Sign	Time
1	☿	♒	6pm09
2	☽	♊	2am29
3	♃	♑	7am22
4	☽	♋	2pm56
7	☽	♌	3am30
8	♂	♒	11am02
9	☽	♍	3pm29
12	☽	♎	1am54
12	♅	♒	7am11
14	☽	♏	9am29
15	♀	♓	4am30
16	☽	♐	1pm24
17	☿	♑	9am35
18	☽	♑	2pm07
20	☽	♒	1pm15
20	☉	♒	6pm53
22	☽	♓	1pm02
24	☽	♈	3pm38
26	☽	♉	10pm17
29	☽	♊	8am43
31	☽	♋	9pm11

FEBRUARY

Day	Body	Sign	Time
3	☽	♌	9am45
5	☽	♍	9pm22
8	☽	♎	7am29
9	♀	♈	2am31
10	☽	♏	3pm34
12	☽	♐	8pm57
14	☽	♑	11pm29
15	☿	♒	2am43
15	♂	♓	11am50
17	☽	♒	0am00
19	☽	♓	0am09
19	☉	♓	9am01
21	☽	♈	1am59
23	☽	♉	7am10
25	☽	♊	4pm15
28	☽	♋	4am10

MARCH

Day	Body	Sign	Time
1	☽	♌	4pm47
4	☽	♍	4am12
6	♀	♉	2am01
6	☽	♎	1pm40
7	☿	♓	11am53
8	☽	♏	9pm05
11	☽	♐	2am32
13	☽	♑	6am07
15	☽	♒	8am15
17	☽	♓	9am50
19	☽	♈	0pm15
20	☉	♈	8am03
21	☽	♉	5pm00
24	☽	♊	1am00
24	☿	♈	8am03
24	♂	♈	3pm12
26	☽	♋	0pm06
29	☽	♌	0am37
31	☽	♍	0pm14

APRIL

Day	Body	Sign	Time
2	☽	♎	9pm26
3	♀	♊	3pm26
5	☽	♏	3am56
7	☽	♐	8am21
7	♄	♈	8am49
8	☿	♉	3am17
9	☽	♑	11am30
11	☽	♒	2pm10
13	☽	♓	5pm00
15	☽	♈	8pm43
18	☽	♉	2am06
19	☉	♉	7pm10
20	☽	♊	9am55
22	☽	♋	8pm25
25	☽	♌	8am44
27	☽	♍	8pm48
30	☽	♎	6am26

MAY

Day	Body	Sign	Time
2	☽	♏	0pm42
2	♂	♉	6pm16
4	☽	♐	4pm04
6	☽	♑	5pm54
8	☽	♒	7pm39
10	☽	♓	10pm29
13	☽	♈	3am01
15	☽	♉	9am25
17	☽	♊	5pm48
20	☽	♋	4am16
20	☉	♊	6pm23
22	☽	♌	4pm28
25	☽	♍	4am58
27	☽	♎	3pm32
29	☽	♏	10pm30

JUNE

Day	Body	Sign	Time
1	☽	♐	1am42
3	☽	♑	2am29
5	☽	♒	2am45
7	☽	♓	4am20
9	☽	♈	8am24
11	☽	♉	3pm11
12	♂	♊	2pm42
13	☿	♊	9pm44
14	☽	♊	0am16
16	☽	♋	11am08
18	☽	♌	11pm22
21	☉	♋	2am24
21	☽	♍	0pm07
23	☽	♎	11pm37
26	☽	♏	7am52
28	☽	♐	0pm01
30	☽	♑	0pm47

JULY

Day	Body	Sign	Time
2	☿	♋	7am36
2	☽	♒	0pm05
4	☽	♓	0pm07
6	☽	♈	2pm43
8	☽	♉	8pm44
11	☽	♊	5am53
13	☽	♋	5pm08
16	☽	♌	5am32
16	☿	♌	9am56
18	☽	♍	6pm16
21	☽	♎	6am13
22	☉	♌	1pm19
23	☽	♏	3pm42
25	♂	♋	6pm32
25	☽	♐	9pm23
27	☽	♑	11pm17
29	☽	♒	10pm47
31	☽	♓	10pm01

AUGUST

Day	Body	Sign	Time
1	☿	♍	4pm18
2	☽	♈	11pm05
5	☽	♉	3am34
7	♀	♋	6am14
7	☽	♊	11am49
9	☽	♋	10pm58
12	☽	♌	11am29
15	☽	♍	0am07
17	☽	♎	11am55
19	☽	♏	9pm50
22	☽	♐	4am47
22	☉	♍	8pm23
24	☽	♑	8am21
26	☿	♎	5am21
26	☽	♒	9am10
28	☽	♓	8am49
30	☽	♈	9am16

SEPTEMBER

Day	Body	Sign	Time
1	☽	♉	0pm20
3	☽	♊	7pm09
6	☽	♋	5am30
7	♀	♌	5am07
8	☽	♌	5pm54
9	♂	♌	8pm02
11	☽	♍	6am28
12	☿	♍	9am29
13	☽	♎	5pm50
16	☽	♏	3am19
18	☽	♐	10am30
20	☽	♑	3pm12
22	☽	♒	5pm39
22	☉	♎	6pm00
24	☽	♓	6pm43
26	☽	♈	7pm46
28	☽	♉	10pm24

OCTOBER

Day	Body	Sign	Time
1	☽	♊	4am03
3	☽	♋	1pm15
4	♀	♍	3am22
6	☽	♌	1am12
8	☽	♍	1pm48
9	☿	♎	3am12
11	☽	♎	1am00
13	☽	♏	9am45
15	☽	♐	4pm07
17	☽	♑	8pm37
19	☽	♒	11pm51
22	☽	♓	2am22
23	☉	♏	3am19
24	☽	♈	4am50
26	☽	♉	8am12
27	☿	♏	1am01
28	☽	♊	1pm35
29	♀	♎	0pm02
30	♂	♍	7am13
30	☽	♋	9pm57

NOVEMBER

Day	Body	Sign	Time
2	☽	♌	9am16
4	☽	♍	9pm57
7	☽	♎	9am28
9	☽	♏	6pm01
11	☽	♐	11pm26
14	☽	♑	2am44
14	☿	♐	4pm36
16	☽	♒	5am14
18	☽	♓	8am00
20	☽	♈	11am34
22	☉	♐	0am49
22	☽	♉	4pm12
23	♀	♏	1am34
24	☽	♊	10pm20
27	☽	♋	6am38
29	☽	♌	5pm30

DECEMBER

Day	Body	Sign	Time
2	☽	♍	6am11
4	☿	♑	1pm48
4	☽	♎	6pm22
7	☽	♏	3am37
9	☽	♐	8am57
11	☽	♑	11am14
13	☽	♒	0pm14
15	☽	♓	1pm44
17	♀	♐	5am34
17	☽	♈	4pm56
19	☽	♉	10pm10
21	☉	♑	2pm06
22	☽	♊	5am18
24	☽	♋	2pm14
27	☽	♌	1am09
29	☽	♍	1pm45

LOCAL MEAN TIME OF SUNRISE FOR LATITUDES
60° North to 50° South

FOR ALL SUNDAYS IN 1996. (ALL TIMES ARE A.M.)

Date	NORTHERN LATITUDES									SOUTHERN LATITUDES				
	LON-DON	60°	55°	50°	40°	30°	20°	10°	0°	10°	20°	30°	40°	50°
	H M	H M	H M	H M	H M	H M	H M	H M	H M	H M	H M	H M	H M	H M
1995 Dec. 31	8 6	9 4	8 26	7 59	7 22	6 56	6 35	6 16	5 59	5 41	5 23	5 1	4 33	3 53
1996 Jan. 7	8 5	8 59	8 24	7 58	7 22	6 57	6 37	6 19	6 2	5 45	5 27	5 6	4 39	4 1
,, 14	8 1	8 51	8 18	7 55	7 21	6 57	6 38	6 21	6 5	5 49	5 32	5 12	4 46	4 10
,, 21	7 55	8 40	8 10	7 49	7 18	6 56	6 38	6 22	6 8	5 53	6 37	5 18	4 55	4 21
,, 28	7 46	8 26	8 0	7 41	7 13	6 53	6 37	6 23	6 9	5 56	5 41	5 24	5 3	4 33
Feb. 4	7 36	8 10	7 48	7 32	7 7	6 50	6 35	6 22	6 10	5 58	5 45	5 30	5 11	4 45
,, 11	7 24	7 53	7 34	7 20	7 0	6 44	6 32	6 21	6 11	6 0	5 49	5 36	5 20	4 57
,, 18	7 11	7 34	7 20	7 8	6 51	6 39	6 28	6 19	6 11	6 2	5 52	5 41	5 28	5 9
,, 25	6 57	7 14	7 3	6 54	6 41	6 32	6 24	6 17	6 10	6 3	5 55	5 47	5 36	5 22
Mar. 3	6 42	6 54	6 47	6 40	6 31	6 24	6 19	6 14	6 9	6 4	5 58	5 51	5 42	5 33
,, 10	6 26	6 33	6 29	6 25	6 20	6 16	6 13	6 10	6 7	6 4	6 1	5 57	5 52	5 45
,, 17	6 10	6 12	6 11	6 10	6 9	6 8	6 7	6 6	6 5	6 4	6 3	6 1	5 59	5 55
,, 24	5 54	5 51	5 54	5 55	5 58	6 0	6 1	6 2	6 3	6 4	6 5	6 5	6 6	6 7
,, 31	5 39	5 30	5 35	5 40	5 46	5 51	5 55	5 58	6 1	6 4	6 8	6 11	6 15	6 20
April 7	5 23	5 8	5 18	5 25	5 35	5 43	5 49	5 54	5 59	6 3	6 8	6 14	6 21	6 30
,, 14	5 7	4 47	5 0	5 10	5 24	5 35	5 43	5 50	5 57	6 3	6 10	6 18	6 27	6 39
,, 21	4 52	4 27	4 43	4 56	5 14	5 27	5 38	5 47	5 55	6 3	6 12	6 22	6 34	6 50
,, 28	4 38	4 7	4 28	4 42	5 4	5 20	5 33	5 44	5 54	6 4	6 15	6 27	6 41	7 1
May 5	4 26	3 48	4 12	4 30	4 56	5 14	5 29	5 41	5 53	6 5	6 17	6 31	6 49	7 12
,, 12	4 14	3 30	3 58	4 19	4 48	5 9	5 25	5 40	5 53	6 6	6 20	6 36	6 56	7 23
,, 19	4 3	3 14	3 46	4 9	4 42	5 4	5 23	5 38	5 53	6 8	6 23	6 40	7 2	7 31
,, 26	3 54	3 0	3 36	4 1	4 36	5 1	5 21	5 38	5 53	6 9	6 25	6 44	7 7	7 40
June 2	3 48	2 48	3 28	3 55	4 33	4 59	5 20	5 38	5 54	6 11	6 29	6 49	7 13	7 48
,, 9	3 44	2 40	3 22	3 51	4 31	4 58	5 20	5 38	5 55	6 12	6 30	6 51	7 17	7 53
,, 16	3 42	2 36	3 20	3 50	4 30	4 58	5 20	5 39	5 57	6 14	6 32	6 54	7 20	7 57
,, 23	3 43	2 36	3 20	3 51	4 31	5 0	5 22	5 41	5 58	6 16	6 34	6 56	7 22	8 0
,, 30	3 46	2 40	3 24	3 54	4 34	5 2	5 24	5 42	6 0	6 17	6 35	6 57	7 23	8 0
July 7	3 52	2 49	3 31	3 59	4 38	5 5	5 26	5 44	6 1	6 17	6 35	6 56	7 21	7 57
,, 14	3 59	3 1	3 39	4 6	4 42	5 8	5 28	5 46	6 2	6 18	6 35	6 54	7 18	7 52
,, 21	4 7	3 15	3 49	4 14	4 48	5 12	5 31	5 47	6 3	6 18	6 34	6 52	7 15	7 46
,, 28	4 17	3 30	4 1	4 23	4 54	5 16	5 34	5 49	6 3	6 17	6 31	6 48	7 9	7 37
Aug. 4	4 27	3 47	4 12	4 33	5 0	5 20	5 36	5 50	6 2	6 15	6 28	6 43	7 2	7 28
,, 11	4 38	4 3	4 26	4 43	5 7	5 25	5 38	5 51	6 2	6 13	6 25	6 38	6 54	7 16
,, 18	4 49	4 20	4 39	4 53	5 14	5 29	5 41	5 51	6 0	6 9	6 19	6 30	6 44	7 2
,, 25	5 0	4 37	4 52	5 4	5 20	5 33	5 42	5 51	5 59	6 6	6 14	6 24	6 35	6 50
Sept. 1	5 12	4 54	5 5	5 14	5 27	5 37	5 44	5 51	5 57	6 3	6 9	6 16	6 24	6 35
,, 8	5 23	5 10	5 18	5 25	5 34	5 40	5 46	5 50	5 54	5 58	6 2	6 7	6 12	6 20
,, 15	5 34	5 27	5 31	5 35	5 40	5 44	5 47	5 50	5 52	5 54	5 56	5 59	6 2	6 5
,, 22	5 45	5 43	5 44	5 46	5 47	5 48	5 49	5 49	5 50	5 49	5 49	5 49	5 49	5 49
,, 29	5 57	6 0	5 58	5 56	5 54	5 52	5 50	5 49	5 47	5 46	5 44	5 42	5 40	5 36
Oct. 6	6 8	6 16	6 11	6 7	6 1	5 56	5 52	5 48	5 45	5 41	5 37	5 33	5 27	5 20
,, 13	6 20	6 33	6 24	6 18	6 8	6 0	5 54	5 48	5 43	5 37	5 31	5 24	5 16	5 3
,, 20	6 32	6 51	6 39	6 29	6 15	6 5	5 56	5 49	5 42	5 34	5 26	5 16	5 5	4 49
,, 27	6 44	7 8	6 53	6 41	6 23	6 10	5 59	5 50	5 41	5 31	5 22	5 10	4 56	4 36
Nov. 3	6 56	7 26	7 7	6 52	6 31	6 15	6 2	5 51	5 40	5 30	5 18	5 5	4 48	4 24
,, 10	7 8	7 44	7 21	7 4	6 39	6 21	6 6	5 53	5 41	5 28	5 15	5 0	4 40	4 13
,, 17	7 21	8 2	7 35	7 16	6 47	6 27	6 10	5 55	5 42	5 28	5 13	4 55	4 33	4 2
,, 24	7 33	8 19	7 49	7 26	6 55	6 32	6 14	5 58	5 43	5 28	5 11	4 52	4 28	3 54
Dec. 1	7 43	8 34	8 0	7 36	7 2	6 38	6 19	6 2	5 45	5 30	5 12	4 52	4 26	3 50
,, 8	7 52	8 47	8 11	7 45	7 9	6 44	6 23	6 5	5 48	5 31	5 13	4 51	4 24	3 45
,, 15	7 59	8 57	8 19	7 52	7 15	6 48	6 27	6 9	5 52	5 34	5 15	4 53	4 25	3 45
,, 22	8 3	9 3	8 24	7 56	7 19	6 52	6 31	6 12	5 55	5 37	5 18	4 56	4 28	3 48
,, 29	8 6	9 4	8 26	7 59	7 21	6 55	6 34	6 16	5 58	5 41	5 22	5 0	4 33	3 52
1997 Jan. 5	8 5	9 0	8 24	7 58	7 22	6 57	6 36	6 18	6 2	5 45	5 27	5 5	4 39	4 0

Example:—To find the time of Sunrise in Jamaica (Latitude 18° N.) on Friday, June 28th, 1996. On June 23rd, L.M.T. = 5h. 22m. + $\frac{2}{10} \times$ 19m. = 5h. 26m., on June 30th L.M.T. = 5h. 24m. + $\frac{2}{10} \times$ 18m. = 5h. 28m., therefore L.M.T. on June 28th = 5h. 26m. + $\frac{5}{7} \times$ 2m. = 5h. 27m. A.M.

LOCAL MEAN TIME OF SUNSET FOR LATITUDES
60° North to 50° South
FOR ALL SUNDAYS IN 1996. (ALL TIMES ARE P.M.)

| Date | NORTHERN LATITUDES | | | | | | | | | SOUTHERN LATITUDES | | | | |
	LONDON	60°	55°	50°	40°	30°	20°	10°	0°	10°	20°	30°	40°	50°
	H M	H M	H M	H M	H M	H M	H M	H M	H M	H M	H M	H M	H M	H M
1995 Dec. 31	4 0	3 2	3 40	4 7	4 44	5 10	5 31	5 49	6 6	6 23	6 40	7 2	7 32	8 12
1996 Jan. 7	4 7	3 13	3 49	4 14	4 50	5 15	5 35	5 53	6 10	6 26	6 44	7 5	7 32	8 10
,, 14	4 17	3 27	4 0	4 24	4 57	5 21	5 40	5 57	6 12	6 28	6 46	7 6	7 30	8 7
,, 21	4 28	3 43	4 12	4 34	5 5	5 27	5 45	6 0	6 15	6 30	6 45	7 4	7 27	8 1
,, 28	4 40	4 1	4 26	4 45	5 13	5 33	5 49	6 3	6 17	6 30	6 44	7 2	7 23	7 52
Feb. 4	4 53	4 19	4 41	4 57	5 21	5 39	5 53	6 6	6 18	6 29	6 42	6 57	7 16	7 42
,, 11	5 5	4 37	4 56	5 9	5 30	5 45	5 57	6 8	6 18	6 28	6 39	6 52	7 9	7 31
,, 18	5 18	4 56	5 11	5 21	5 38	5 50	6 0	6 9	6 18	6 26	6 35	6 46	7 0	7 18
,, 25	5 31	5 14	5 25	5 33	5 46	5 55	6 3	6 10	6 17	6 23	6 30	6 39	6 50	7 3
Mar. 3	5 43	5 32	5 39	5 45	5 54	6 0	6 6	6 11	6 15	6 20	6 25	6 31	6 39	6 49
,, 10	5 55	5 49	5 53	5 56	6 1	6 5	6 8	6 11	6 14	6 16	6 20	6 23	6 28	6 35
,, 17	6 7	6 6	6 7	6 8	6 8	6 9	6 10	6 11	6 12	6 13	6 14	6 15	6 17	6 20
,, 24	6 19	6 23	6 21	6 19	6 16	6 14	6 12	6 11	6 10	6 9	6 8	6 7	6 6	6 5
,, 31	6 31	6 40	6 34	6 30	6 23	6 18	6 14	6 11	6 7	6 5	6 2	5 58	5 54	5 49
April 7	6 42	6 58	6 48	6 41	6 30	6 22	6 16	6 10	6 6	6 1	5 56	5 50	5 42	5 34
,, 14	6 54	7 15	7 2	6 51	6 37	6 26	6 18	6 10	6 4	5 57	5 50	5 42	5 32	5 20
,, 21	7 6	7 32	7 15	7 2	6 44	6 31	6 20	6 11	6 2	5 54	5 44	5 34	5 22	5 6
,, 28	7 18	7 49	7 28	7 13	6 51	6 35	6 22	6 11	6 1	5 51	5 40	5 28	5 13	4 53
May 5	7 29	8 7	7 42	7 24	6 58	6 40	6 25	6 12	6 0	5 48	5 36	5 22	5 5	4 41
,, 12	7 40	8 24	7 55	7 34	7 5	6 44	6 28	6 13	6 0	5 47	5 33	5 17	4 58	4 30
,, 19	7 51	8 40	8 7	7 44	7 12	6 49	6 30	6 15	6 0	5 46	5 31	5 13	4 52	4 21
,, 26	8 0	8 55	8 18	7 53	7 18	6 53	6 33	6 16	6 0	5 45	5 29	5 10	4 46	4 13
June 2	8 8	9 8	8 28	8 1	7 23	6 57	6 36	6 18	6 1	5 45	5 28	5 8	4 43	4 8
,, 9	8 14	9 19	8 36	8 7	7 27	7 0	6 39	6 20	6 3	5 45	5 27	5 7	4 41	4 4
,, 16	8 19	9 26	8 41	8 11	7 31	7 2	6 41	6 22	6 4	5 46	5 28	5 7	4 40	4 3
,, 23	8 21	9 28	8 43	8 13	7 32	7 4	6 42	6 23	6 6	5 48	5 30	5 9	4 42	4 4
,, 30	8 20	9 26	8 42	8 13	7 33	7 5	6 43	6 24	6 7	5 50	5 32	5 11	4 45	4 7
July 7	8 17	9 20	8 38	8 10	7 31	7 4	6 43	6 25	6 8	5 52	5 34	5 14	4 48	4 12
,, 14	8 12	9 10	8 32	8 5	7 28	7 3	6 43	6 25	6 9	5 53	5 36	5 17	4 53	4 19
,, 21	8 5	8 57	8 22	7 58	7 24	7 0	6 41	6 25	6 10	5 55	5 39	5 21	4 58	4 27
,, 28	7 55	8 41	8 10	7 49	7 18	6 56	6 39	6 24	6 10	5 56	5 41	5 25	5 4	4 36
Aug. 4	7 43	8 24	7 57	7 38	7 11	6 51	6 35	6 22	6 9	5 57	5 43	5 29	5 10	4 45
,, 11	7 30	8 5	7 43	7 26	7 2	6 45	6 31	6 19	6 8	5 58	5 46	5 33	5 17	4 55
,, 18	7 17	7 46	7 27	7 13	6 53	6 38	6 27	6 16	6 7	5 58	5 48	5 37	5 23	5 5
,, 25	7 3	7 26	7 10	6 59	6 43	6 31	6 21	6 13	6 5	5 58	5 50	5 40	5 29	5 15
Sept. 1	6 47	7 5	6 53	6 45	6 32	6 23	6 15	6 9	6 3	5 57	5 51	5 44	5 36	5 25
,, 8	6 31	6 44	6 36	6 30	6 21	6 14	6 9	6 5	6 1	5 57	5 53	5 48	5 43	5 36
,, 15	6 15	6 22	6 18	6 15	6 9	6 6	6 3	6 1	5 58	5 57	5 55	5 52	5 50	5 47
,, 22	5 59	6 1	6 0	5 59	5 58	5 57	5 57	5 56	5 56	5 56	5 56	5 56	5 57	5 57
,, 29	5 44	5 40	5 42	5 44	5 46	5 48	5 50	5 52	5 54	5 56	5 58	6 0	6 3	6 7
Oct. 6	5 28	5 19	5 24	5 28	5 35	5 40	5 44	5 48	5 51	5 55	5 59	6 3	6 10	6 18
,, 13	5 12	4 58	5 7	5 14	5 24	5 32	5 38	5 44	5 50	5 55	6 1	6 8	6 18	6 30
,, 20	4 57	4 38	4 50	5 0	5 14	5 24	5 33	5 41	5 48	5 56	6 4	6 13	6 25	6 41
,, 27	4 43	4 18	4 34	4 46	5 4	5 18	5 29	5 38	5 47	5 57	6 7	6 19	6 33	6 53
Nov. 3	4 30	4 0	4 19	4 34	4 56	5 12	5 25	5 36	5 47	5 59	6 10	6 24	6 41	7 5
,, 10	4 19	3 42	4 6	4 23	4 49	5 7	5 22	5 35	5 47	6 1	6 14	6 30	6 49	7 16
,, 17	4 9	3 27	3 54	4 14	4 43	5 3	5 20	5 35	5 49	6 3	6 18	6 36	6 58	7 28
,, 24	4 0	3 14	3 44	4 7	4 38	5 1	5 19	5 35	5 50	6 6	6 22	6 41	7 6	7 39
Dec. 1	3 54	3 3	3 37	4 1	4 36	5 0	5 19	5 36	5 53	6 9	6 27	6 47	7 13	7 50
,, 8	3 52	2 56	3 32	3 59	4 35	5 0	5 21	5 39	5 56	6 12	6 31	6 52	7 19	7 58
,, 15	3 52	2 53	3 31	3 59	4 36	5 2	5 23	5 42	5 59	6 16	6 35	6 57	7 25	8 5
,, 22	3 54	2 55	3 34	4 1	4 39	5 5	5 26	5 45	6 2	6 20	6 39	7 1	7 29	8 10
,, 29	3 59	3 1	3 39	4 6	4 43	5 9	5 30	5 49	6 6	6 23	6 42	7 4	7 32	8 12
1997 Jan. 5	4 6	3 11	3 47	4 13	4 49	5 14	5 35	5 52	6 9	6 26	6 44	7 6	7 33	8 11

Example:—To find the time of Sunset in Canberra (Latitude 35°.3 S.) on Wednesday, August 7th, 1996. On August 4th, L.M.T. = 5h. 29m. $-\frac{5\cdot3}{10} \times$ 19m. = 5h. 19m., on August 11th, L.M.T. = 5h. 33m. $-\frac{5\cdot3}{10} \times$ 16m. = 5h. 25m., therefore L.M.T. on August 7th = 5h. 19m. $+\frac{3}{7} \times$ 6m. = 5h. 22m. P.M.

TABLES OF HOUSES FOR LONDON, Latitude 51° 32′ N.

Sidereal Time	10 ♈	11 ♉	12 ♊	Ascen ♋ °	Ascen ′	2 ♌	3 ♍
H. M. S.	°	°	°	°	′	°	°
0 0 0	0	9	22	26	36	12	3
0 3 40	1	10	23	27	17	13	3
0 7 20	2	11	24	27	56	14	4
0 11 0	3	12	25	28	42	15	5
0 14 41	4	13	25	29	17	15	6
0 18 21	5	14	26	29	55	16	7
0 22 2	6	15	27	0 ♌	34	17	8
0 25 42	7	16	28	1	14	18	8
0 29 23	8	17	29	1	55	18	9
0 33 4	9	18	♋	2	33	19	10
0 36 45	10	19	1	3	14	20	11
0 40 26	11	20	1	3	54	20	12
0 44 8	12	21	2	4	33	21	13
0 47 50	13	22	3	5	12	22	14
0 51 32	14	23	4	5	52	23	15
0 55 14	15	24	5	6	30	23	15
0 58 57	16	25	6	7	9	24	16
1 2 40	17	26	6	7	50	25	17
1 6 23	18	27	7	8	30	26	18
1 10 7	19	28	8	9	9	26	19
1 13 51	20	29	9	9	48	27	19
1 17 35	21	♊	10	10	28	28	20
1 21 20	22	1	10	11	8	28	21
1 25 6	23	2	11	11	48	29	22
1 28 52	24	3	12	12	28	♍	23
1 32 38	25	4	13	13	8	1	24
1 36 25	26	5	14	13	48	1	25
1 40 12	27	6	14	14	28	2	25
1 44 0	28	7	15	15	8	3	26
1 47 48	29	8	16	15	48	4	27
1 51 37	30	9	17	16	28	4	28

Sidereal Time	10 ♉	11 ♊	12 ♋	Ascen ♌ °	Ascen ′	2 ♍	3 ♎
H. M. S.	°	°	°	°	′	°	°
1 51 37	0	9	17	16	28	4	28
1 55 27	1	10	18	17	8	5	29
1 59 17	2	11	19	17	48	6	♎
2 3 8	3	12	19	18	28	7	1
2 6 59	4	13	20	19	9	8	2
2 10 51	5	14	21	19	49	9	2
2 14 44	6	15	22	20	29	9	3
2 18 37	7	16	22	21	10	10	4
2 22 31	8	17	23	21	51	11	5
2 26 25	9	18	24	22	32	11	6
2 30 20	10	19	25	23	14	12	7
2 34 16	11	20	25	23	55	13	8
2 38 13	12	21	26	24	36	14	9
2 42 10	13	22	27	25	17	15	10
2 46 8	14	23	28	25	58	15	11
2 50 7	15	24	29	26	40	16	12
2 54 7	16	25	29	27	22	17	12
2 58 7	17	26	♌	28	4	18	13
3 2 8	18	27	1	28	46	18	14
3 6 9	19	27	2	29	28	19	15
3 10 12	20	28	3	0 ♍	12	20	16
3 14 15	21	29	3	0	54	21	17
3 18 19	22	♋	4	1	36	22	18
3 22 23	23	1	5	2	20	22	19
3 26 29	24	2	6	3	2	23	20
3 30 35	25	3	7	3	45	24	21
3 34 41	26	4	7	4	28	25	22
3 38 49	27	5	8	5	11	26	23
3 42 57	28	6	9	5	54	27	24
3 47 6	29	7	10	6	38	27	25
3 51 15	30	8	11	7	21	28	25

Sidereal Time	10 ♊	11 ♋	12 ♌	Ascen ♍ °	Ascen ′	2 ♍	3 ♎
H. M. S.	°	°	°	°	′	°	°
3 51 15	0	8	11	7	21	28	25
3 55 25	1	9	12	8	5	29	26
3 59 36	2	10	12	8	49	♎	27
4 3 48	3	10	13	9	33	1	28
4 8 0	4	11	14	10	17	2	29
4 12 13	5	12	15	11	2	2	♏
4 16 26	6	13	16	11	46	3	1
4 20 40	7	14	17	12	30	4	2
4 24 55	8	15	17	13	15	5	3
4 29 10	9	16	18	14	0	6	4
4 33 26	10	17	19	14	45	7	5
4 37 42	11	18	20	15	30	8	6
4 41 59	12	19	21	16	15	8	7
4 46 16	13	20	21	17	0	9	8
4 50 34	14	21	22	17	45	10	9
4 54 52	15	22	23	18	30	11	10
4 59 10	16	23	24	19	16	12	11
5 3 29	17	24	25	20	3	13	12
5 7 49	18	25	26	20	49	14	13
5 12 9	19	25	27	21	35	14	14
5 16 29	20	26	28	22	20	15	14
5 20 49	21	27	28	23	6	16	15
5 25 9	22	28	29	23	51	17	16
5 29 30	23	29	♍	24	37	18	17
5 33 51	24	♌	1	25	23	19	18
5 38 12	25	1	2	26	9	20	19
5 42 34	26	2	3	26	55	21	20
5 46 55	27	3	4	27	41	21	21
5 51 17	28	4	4	28	27	22	22
5 55 38	29	5	5	29	13	23	23
6 0 0	30	6	6	30	0	24	24

Sidereal Time	10 ♋	11 ♌	12 ♍	Ascen ♎ °	Ascen ′	2 ♎	3 ♏
H. M. S.	°	°	°	°	′	°	°
6 0 0	0	6	6	0	0	24	24
6 4 22	1	7	7	0	47	25	25
6 8 43	2	8	8	1	33	26	26
6 13 5	3	9	9	2	19	27	27
6 17 26	4	10	10	3	5	27	28
6 21 48	5	11	10	3	51	28	29
6 26 9	6	12	11	4	37	29	♐
6 30 30	7	13	12	5	23	♏	1
6 34 51	8	14	13	6	9	1	2
6 39 11	9	15	14	6	55	2	3
6 43 31	10	16	15	7	40	2	4
6 47 51	11	16	16	8	26	3	4
6 52 11	12	17	16	9	12	4	5
6 56 31	13	18	17	9	58	5	6
7 0 50	14	19	18	10	43	6	7
7 5 8	15	20	19	11	28	7	8
7 9 26	16	21	20	12	14	8	9
7 13 44	17	22	21	12	59	8	10
7 18 1	18	23	22	13	45	9	11
7 22 18	19	24	23	14	30	10	12
7 26 34	20	25	24	15	15	11	13
7 30 50	21	26	25	16	0	12	14
7 35 5	22	27	25	16	45	13	15
7 39 20	23	28	26	17	30	13	16
7 43 34	24	29	27	18	15	14	17
7 47 47	25	♍	28	18	59	15	18
7 52 0	26	1	29	19	43	16	19
7 56 12	27	2	29	20	27	17	20
8 0 24	28	3	♎	21	11	18	20
8 4 35	29	4	1	21	56	18	21
8 8 45	30	5	2	22	40	19	22

Sidereal Time	10 ♌	11 ♍	12 ♎	Ascen ♎ °	Ascen ′	2 ♏	3 ♐
H. M. S.	°	°	°	°	′	°	°
8 8 45	0	5	2	22	40	19	22
8 12 54	1	5	3	23	24	20	23
8 17 3	2	6	3	24	7	21	24
8 21 11	3	7	4	24	50	22	25
8 25 19	4	8	5	25	34	23	26
8 29 26	5	9	6	26	18	23	27
8 33 31	6	10	7	27	1	24	28
8 37 37	7	11	8	27	44	25	29
8 41 41	8	12	8	28	26	26	♑
8 45 45	9	13	9	29	8	27	1
8 49 48	10	14	10	29	50	27	2
8 53 51	11	15	11	0 ♏	32	28	3
8 57 52	12	16	12	1	15	29	4
9 1 53	13	17	12	1	58	♐	4
9 5 53	14	18	13	2	39	1	5
9 9 53	15	18	14	3	21	1	6
9 13 52	16	19	15	4	3	2	7
9 17 50	17	20	16	4	44	3	8
9 21 47	18	21	16	5	26	3	9
9 25 44	19	22	17	6	7	4	10
9 29 40	20	23	18	6	48	5	11
9 33 35	21	24	18	7	29	5	12
9 37 29	22	25	19	8	9	6	13
9 41 23	23	26	20	8	50	7	14
9 45 16	24	27	21	9	31	8	15
9 49 9	25	28	22	10	11	9	16
9 53 1	26	28	23	10	51	9	17
9 56 52	27	29	23	11	32	10	18
10 0 43	28	♎	24	12	12	11	19
10 4 33	29	1	25	12	53	12	20
10 8 23	30	2	26	13	33	13	20

Sidereal Time	10 ♍	11 ♎	12 ♎	Ascen ♏ °	Ascen ′	2 ♐	3 ♑
H. M. S.	°	°	°	°	′	°	°
10 8 23	0	2	26	13	33	13	20
10 12 12	1	3	26	14	13	14	21
10 16 0	2	4	27	14	53	15	22
10 19 48	3	5	28	15	33	15	23
10 23 35	4	5	29	16	13	16	24
10 27 22	5	6	29	16	52	17	25
10 31 8	6	7	♏	17	32	18	26
10 34 54	7	8	1	18	12	19	27
10 38 40	8	9	2	18	52	20	28
10 42 25	9	10	2	19	31	20	29
10 46 9	10	11	3	20	11	21	♒
10 49 53	11	11	4	20	50	22	1
10 53 37	12	12	4	21	30	23	2
10 57 20	13	13	5	22	9	24	3
11 1 3	14	14	6	22	49	24	4
11 4 46	15	15	7	23	28	25	5
11 8 28	16	16	7	24	8	26	6
11 12 10	17	17	8	24	47	27	8
11 15 52	18	17	9	25	27	28	9
11 19 34	19	18	10	26	6	29	10
11 23 15	20	19	10	26	45	♑	11
11 26 56	21	20	11	27	25	0	12
11 30 37	22	21	12	28	5	1	13
11 34 18	23	22	13	28	44	2	14
11 37 58	24	23	13	29	24	3	15
11 41 39	25	23	14	0 ♐	3	4	16
11 45 19	26	24	15	0	43	5	17
11 49 0	27	25	15	1	23	6	18
11 52 40	28	26	16	2	3	6	19
11 56 20	29	27	17	2	43	7	20
12 0 0	30	27	17	3	23	8	21

TABLES OF HOUSES FOR LONDON, Latitude 51° 32′ N.

Sidereal Time.	10 ♎	11 ♎	12 ♏	Ascen ♐	2 ♑	3 ♒
H. M. S.	°	°	°	° ′	°	°
12 0 0	0	27	17	3 23	8	21
12 3 40	1	28	18	4 4	9	23
12 7 20	2	29	19	4 45	10	24
12 11 0	3	♏	20	5 26	11	25
12 14 41	4	1	20	6 7	12	26
12 18 21	5	1	21	6 48	13	27
12 22 2	6	2	22	7 29	14	28
12 25 42	7	3	23	8 10	15	29
12 29 23	8	4	23	8 51	16	♓
12 33 4	9	5	24	9 33	17	2
12 36 45	10	6	25	10 15	18	3
12 40 26	11	6	25	10 57	19	4
12 44 8	12	7	26	11 40	20	5
12 47 50	13	8	27	12 22	21	6
12 51 32	14	9	28	13 4	22	7
12 55 14	15	10	28	13 47	23	9
12 58 57	16	11	29	14 30	24	10
13 2 40	17	11	♐	15 14	25	11
13 6 23	18	12	1	15 59	26	12
13 10 7	19	13	1	16 44	27	13
13 13 51	20	14	2	17 29	28	15
13 17 35	21	15	3	18 14	29	16
13 21 20	22	16	4	19 0	♒	17
13 25 6	23	16	4	19 45	1	18
13 28 52	24	17	5	20 31	2	20
13 32 38	25	18	6	21 18	4	21
13 36 25	26	19	7	22 6	5	22
13 40 12	27	20	7	22 54	6	23
13 44 0	28	21	8	23 42	7	25
13 47 48	29	21	9	24 31	8	26
13 51 37	30	22	10	25 20	10	27

Sidereal Time.	10 ♏	11 ♏	12 ♐	Ascen ♐	2 ♒	3 ♓
H. M. S.	°	°	°	° ′	°	°
13 51 37	0	22	10	25 20	10	27
13 55 27	1	23	11	26 10	11	28
13 59 17	2	24	11	27 2	12	♈
14 3 8	3	25	12	27 53	14	1
14 6 59	4	26	13	28 45	15	2
14 10 51	5	26	14	29 36	16	4
14 14 44	6	27	15	0 ♑ 29	18	5
14 18 37	7	28	15	1 23	19	6
14 22 31	8	29	16	2 18	20	8
14 26 25	9	♐	17	3 14	22	9
14 30 20	10	1	18	4 11	23	10
14 34 16	11	2	19	5 9	25	11
14 38 13	12	2	20	6 7	26	13
14 42 10	13	3	20	7 6	28	14
14 46 8	14	4	21	8 6	29	15
14 50 7	15	5	22	9 8	♓	17
14 54 7	16	6	23	10 11	2	18
14 58 7	17	7	24	11 15	4	19
15 2 8	18	8	25	12 20	6	21
15 6 9	19	9	26	13 27	8	22
15 10 12	20	9	27	14 35	9	23
15 14 15	21	10	27	15 43	11	24
15 18 19	22	11	28	16 52	13	26
15 22 23	23	12	29	18 3	14	27
15 26 29	24	13	♑	19 16	16	28
15 30 35	25	14	1	20 32	17	29
15 34 41	26	15	2	21 48	19	♉
15 38 49	27	16	3	23 8	21	2
15 42 57	28	17	4	24 29	22	3
15 47 6	29	18	5	25 51	24	5
15 51 15	30	18	6	27 15	26	6

Sidereal Time.	10 ♐	11 ♐	12 ♑	Ascen ♑	2 ♓	3 ♉
H. M. S.	°	°	°	° ′	°	°
15 51 15	0	18	6	27 15	26	6
15 55 25	1	19	7	28 42	28	7
15 59 36	2	20	8	0 ♒ 11	♈	9
16 3 48	3	21	9	1 42	2	10
16 8 0	4	22	10	3 16	3	11
16 12 13	5	23	11	4 53	5	12
16 16 26	6	24	12	6 32	7	14
16 20 40	7	25	13	8 13	9	15
16 24 55	8	26	14	9 57	11	16
16 29 10	9	27	16	11 44	12	17
16 33 26	10	28	17	13 34	14	18
16 37 42	11	29	18	15 26	16	20
16 41 59	12	♑	19	17 20	18	21
16 46 16	13	1	20	19 18	20	22
16 50 34	14	2	21	21 22	21	23
16 54 52	15	3	22	23 29	23	25
16 59 10	16	4	24	25 36	25	26
17 3 29	17	5	25	27 46	27	27
17 7 49	18	6	26	0 ♓ 0	28	28
17 12 9	19	7	27	2 19	♉	29
17 16 29	20	8	29	4 40	2	♊
17 20 49	21	9	♒	7 2	3	1
17 25 9	22	10	1	9 26	5	2
17 29 30	23	11	3	11 54	7	3
17 33 51	24	12	4	14 24	8	5
17 38 12	25	13	5	17 0	10	6
17 42 34	26	14	7	19 33	11	7
17 46 55	27	15	8	22 6	13	8
17 51 17	28	16	10	24 40	14	9
17 55 38	29	17	11	27 20	16	10
18 0 0	30	18	13	0 0	17	11

Sidereal Time.	10 ♑	11 ♑	12 ♒	Ascen ♈	2 ♉	3 ♊
H. M. S.	°	°	°	° ′	°	°
18 0 0	0	18	13	0 0	17	11
18 4 22	1	20	14	2 39	19	13
18 8 43	2	21	16	5 19	20	14
18 13 5	3	22	17	7 55	22	15
18 17 26	4	23	19	10 29	23	16
18 21 48	5	24	20	13 2	25	17
18 26 9	6	25	22	15 36	26	18
18 30 30	7	26	23	18 6	28	19
18 34 51	8	27	25	20 34	29	20
18 39 11	9	29	27	22 59	♊	21
18 43 31	10	♒	28	25 22	1	22
18 47 51	11	1	♓	27 42	2	23
18 52 11	12	2	2	29 58	4	24
18 56 31	13	3	3	2 ♉ 13	5	25
19 0 50	14	4	5	4 24	6	26
19 5 8	15	6	7	6 30	8	27
19 9 26	16	7	9	8 36	9	28
19 13 44	17	8	10	10 40	10	29
19 18 1	18	9	12	12 39	11	♋
19 22 18	19	10	14	14 35	12	1
19 26 34	20	12	16	16 28	13	2
19 30 50	21	13	18	18 17	14	3
19 35 5	22	14	19	20 3	16	4
19 39 20	23	15	21	21 48	17	5
19 43 34	24	16	23	23 29	18	6
19 47 47	25	18	25	25 9	19	7
19 52 0	26	19	27	26 45	20	8
19 56 12	27	20	28	28 18	21	9
20 0 24	28	21	♈	29 49	22	10
20 4 35	29	23	2	1 ♊ 19	23	11
20 8 45	30	24	4	2 45	24	12

Sidereal Time.	10 ♒	11 ♒	12 ♈	Ascen ♊	2 ♊	3 ♋
H. M. S.	°	°	°	° ′	°	°
20 8 45	0	24	4	2 45	24	12
20 12 54	1	25	6	4 9	25	12
20 17 3	2	27	7	5 32	26	13
20 21 11	3	28	9	6 53	27	14
20 25 19	4	29	11	8 12	28	15
20 29 26	5	♓	13	9 27	29	16
20 33 31	6	2	14	10 43	♋	17
20 37 37	7	3	16	11 58	1	18
20 41 41	8	4	18	13 9	2	19
20 45 45	9	6	19	14 18	3	20
20 49 48	10	7	21	15 25	3	21
20 53 51	11	8	23	16 32	4	21
20 57 52	12	9	24	17 39	5	22
21 1 53	13	11	26	18 44	6	23
21 5 53	14	12	28	19 48	7	24
21 9 53	15	13	29	20 51	8	25
21 13 52	16	15	♉	21 53	9	26
21 17 50	17	16	2	22 53	10	27
21 21 47	18	17	4	23 52	10	28
21 25 44	19	19	5	24 51	11	28
21 29 40	20	20	7	25 48	12	29
21 33 35	21	22	8	26 44	13	♌
21 37 29	22	23	10	27 40	14	1
21 41 23	23	24	11	28 34	15	2
21 45 16	24	25	13	29 29	15	3
21 49 9	25	26	14	0 ♋ 22	16	4
21 53 1	26	28	15	1 15	17	4
21 56 52	27	29	16	2 7	18	5
22 0 43	28	♈	18	2 57	19	6
22 4 33	29	2	19	3 48	19	7
22 8 23	30	3	20	4 38	20	8

Sidereal Time.	10 ♓	11 ♈	12 ♉	Ascen ♋	2 ♋	3 ♌
H. M. S.	°	°	°	° ′	°	°
22 8 23	0	3	20	4 38	20	8
22 12 12	1	4	21	5 28	21	8
22 16 0	2	6	23	6 17	22	9
22 19 48	3	7	24	7 5	23	10
22 23 35	4	8	25	7 53	23	11
22 27 22	5	9	26	8 42	24	12
22 31 8	6	10	28	9 29	25	13
22 34 54	7	12	29	10 16	26	14
22 38 40	8	13	♊	11 2	26	14
22 42 25	9	14	1	11 47	27	15
22 46 9	10	15	2	12 31	28	16
22 49 53	11	17	3	13 16	29	17
22 53 37	12	18	4	14 1	29	18
22 57 20	13	19	5	14 45	♌	19
23 1 3	14	20	6	15 28	1	19
23 4 46	15	21	7	16 11	2	20
23 8 28	16	23	8	16 54	2	21
23 12 10	17	24	9	17 37	3	22
23 15 52	18	25	10	18 20	4	23
23 19 34	19	26	11	19 3	5	24
23 23 15	20	27	12	19 45	5	24
23 26 56	21	29	13	20 26	6	25
23 30 37	22	♉	14	21 8	7	26
23 34 18	23	1	15	21 50	7	27
23 37 58	24	2	16	22 31	8	28
23 41 39	25	3	17	23 12	9	28
23 45 19	26	4	18	23 53	9	29
23 49 0	27	5	19	24 32	10	♍
23 52 40	28	6	20	25 15	11	1
23 56 20	29	8	21	25 56	12	2
24 0 0	30	9	22	26 36	13	3

TABLES OF HOUSES FOR LIVERPOOL, *Latitude* 53° 25′ N.

Sidereal Time. (H. M. S.)	10 ♈	11 ♉	12 ♊	Ascen ♋	2 ♌	3 ♍
0 0 0	0	9	24	28 12	14	3
0 3 40	1	10	25	28 51	14	4
0 7 20	2	12	25	29 30	15	4
0 11 0	3	13	26	0 ♌ 9	16	5
0 14 41	4	14	27	0 48	17	6
0 18 21	5	15	28	1 27	17	7
0 22 2	6	16	29	2 6	18	8
0 25 42	7	17	♋	2 44	19	9
0 29 23	8	18	1	3 22	19	10
0 33 4	9	19	1	4 1	20	10
0 36 45	10	20	2	4 39	21	11
0 40 26	11	21	3	5 18	22	12
0 44 8	12	22	4	5 56	22	13
0 47 50	13	23	5	6 34	23	14
0 51 32	14	24	6	7 13	24	14
0 55 14	15	25	6	7 51	24	15
0 58 57	16	26	7	8 30	25	16
1 2 40	17	27	8	9 8	26	17
1 6 23	18	28	9	9 47	26	18
1 10 7	19	29	10	10 25	27	19
1 13 51	20	♊	11	11 4	28	19
1 17 35	21	1	11	11 43	28	20
1 21 20	22	2	12	12 21	29	21
1 25 6	23	3	13	13 0	♍	22
1 28 52	24	4	14	13 39	1	23
1 32 38	25	5	15	14 17	1	24
1 36 25	26	6	15	14 56	2	25
1 40 12	27	7	16	15 35	3	25
1 44 0	28	8	17	16 14	3	26
1 47 48	29	9	18	16 53	4	27
1 51 37	30	10	18	17 32	5	28

Sidereal Time. (H. M. S.)	10 ♉	11 ♊	12 ♋	Ascen ♌	2 ♍	3 ♍
1 51 37	0	10	18	17 32	5	28
1 55 27	1	11	19	18 11	6	29
1 59 17	2	12	20	18 51	6	♎
2 3 8	3	13	21	19 30	7	1
2 6 59	4	14	22	20 9	8	2
2 10 51	5	15	22	20 49	9	2
2 14 44	6	16	23	21 28	9	3
2 18 37	7	17	24	22 8	10	4
2 22 31	8	18	25	22 48	11	5
2 26 25	9	19	25	23 28	12	6
2 30 20	10	20	26	24 8	12	7
2 34 16	11	21	27	24 48	13	8
2 38 13	12	22	28	25 28	14	9
2 42 10	13	23	29	26 8	15	10
2 46 8	14	24	29	26 49	15	10
2 50 7	15	25	♌	27 29	16	11
2 54 7	16	26	1	28 10	17	12
2 58 7	17	27	2	28 51	18	13
3 2 8	18	28	2	29 32	19	14
3 6 9	19	29	3	0 ♍ 13	19	15
3 10 12	20	29	4	0 54	20	16
3 14 15	21	♋	5	1 36	21	17
3 18 19	22	1	5	2 17	22	18
3 22 23	23	2	6	2 59	23	19
3 26 29	24	3	7	3 41	23	20
3 30 35	25	4	8	4 23	24	21
3 34 41	26	5	9	5 5	25	22
3 38 49	27	6	10	5 47	26	22
3 42 57	28	7	10	6 29	27	23
3 47 6	29	8	11	7 12	27	24
3 51 15	30	9	12	7 55	28	25

Sidereal Time. (H. M. S.)	10 ♊	11 ♋	12 ♌	Ascen ♍	2 ♍	3 ♎
3 51 15	0	9	12	7 55	28	25
3 55 25	1	10	13	8 37	29	26
3 59 36	2	11	13	9 20	♎	27
4 3 48	3	12	14	10 3	1	28
4 8 0	4	12	15	10 46	2	29
4 12 13	5	13	16	11 30	2	♏
4 16 26	6	14	17	12 13	3	1
4 20 40	7	15	18	12 56	4	2
4 24 55	8	16	18	13 40	5	3
4 29 10	9	17	19	14 24	6	4
4 33 26	10	18	20	15 8	7	5
4 37 42	11	19	21	15 52	7	6
4 41 59	12	20	21	16 36	8	6
4 46 16	13	21	22	17 20	9	7
4 50 34	14	22	23	18 4	10	8
4 54 52	15	23	24	18 48	11	9
4 59 10	16	24	25	19 32	12	10
5 3 29	17	24	26	20 17	12	11
5 7 49	18	25	26	21 1	13	12
5 12 9	19	26	27	21 46	14	13
5 16 29	20	27	28	22 31	15	14
5 20 49	21	28	29	23 16	16	15
5 25 9	22	29	♍	24 0	17	16
5 29 30	23	♌	1	24 45	18	17
5 33 51	24	1	1	25 30	18	18
5 38 12	25	2	2	26 15	19	19
5 42 34	26	3	3	27 0	20	20
5 46 55	27	4	4	27 45	21	21
5 51 17	28	5	5	28 30	22	21
5 55 38	29	6	6	29 15	23	22
6 0 0	30	7	7	30 0	23	23

Sidereal Time. (H. M. S.)	10 ♋	11 ♌	12 ♍	Ascen ♎	2 ♎	3 ♏
6 0 0	0	7	7	0 0	23	23
6 4 22	1	8	7	0 45	24	24
6 8 43	2	9	8	1 30	25	25
6 13 5	3	9	9	2 15	26	26
6 17 26	4	10	10	3 0	27	27
6 21 48	5	11	11	3 45	28	28
6 26 9	6	12	12	4 30	29	29
6 30 30	7	13	12	5 15	29	♐
6 34 51	8	14	13	6 0	♏	1
6 39 11	9	15	14	6 44	1	2
6 43 31	10	16	15	7 29	2	3
6 47 51	11	17	16	8 14	3	4
6 52 11	12	18	17	8 59	4	5
6 56 31	13	19	18	9 43	4	6
7 0 50	14	20	18	10 27	5	6
7 5 8	15	21	19	11 11	6	7
7 9 26	16	22	20	11 56	7	8
7 13 44	17	23	21	12 40	8	9
7 18 1	18	24	22	13 24	8	10
7 22 18	19	24	23	14 8	9	11
7 26 34	20	25	23	14 52	10	12
7 30 50	21	26	24	15 36	11	13
7 35 5	22	27	25	16 20	12	14
7 39 20	23	28	26	17 4	13	15
7 43 34	24	29	27	17 47	13	16
7 47 47	25	♍	28	18 30	14	17
7 52 0	26	1	28	19 13	15	18
7 56 12	27	2	29	19 57	16	18
8 0 24	28	3	♎	20 40	17	19
8 4 35	29	4	1	21 23	17	20
8 8 45	30	5	2	22 5	18	21

Sidereal Time. (H. M. S.)	10 ♌	11 ♍	12 ♎	Ascen ♎	2 ♏	3 ♐
8 8 45	0	5	2	22 5	18	21
8 12 54	1	6	2	22 48	19	22
8 17 3	2	7	3	23 30	20	23
8 21 11	3	8	4	24 13	20	24
8 25 19	4	8	5	24 55	21	25
8 29 26	5	9	6	25 37	22	26
8 33 31	6	10	7	26 19	23	27
8 37 37	7	11	7	27 1	24	28
8 41 41	8	12	8	27 43	25	29
8 45 45	9	13	9	28 24	25	♑
8 49 48	10	14	10	29 6	26	1
8 53 51	11	15	11	29 47	27	1
8 57 52	12	16	11	0 ♏ 28	28	2
9 1 53	13	17	12	1 9	28	3
9 5 53	14	18	13	1 50	29	4
9 9 53	15	19	14	2 31	♐	5
9 13 52	16	19	15	3 11	1	6
9 17 50	17	20	15	3 52	1	7
9 21 47	18	21	16	4 32	2	8
9 25 44	19	22	17	5 12	3	9
9 29 40	20	23	18	5 52	4	10
9 33 35	21	24	18	6 32	5	11
9 37 29	22	25	19	7 12	5	12
9 41 23	23	26	20	7 52	6	13
9 45 16	24	27	21	8 32	7	14
9 49 9	25	27	21	9 12	8	15
9 53 1	26	28	22	9 51	8	16
9 56 52	27	29	23	10 30	9	17
10 0 43	28	♎	24	11 9	10	17
10 4 33	29	1	24	11 49	11	18
10 8 23	30	2	25	12 28	11	19

Sidereal Time. (H. M. S.)	10 ♍	11 ♎	12 ♎	Ascen ♏	2 ♐	3 ♑
10 8 23	0	2	25	12 28	11	19
10 12 12	1	3	26	13 6	12	20
10 16 0	2	4	27	13 45	13	21
10 19 48	3	4	27	14 25	14	22
10 23 35	4	5	28	15 4	15	23
10 27 22	5	6	29	15 42	15	24
10 31 8	6	7	29	16 21	16	25
10 34 54	7	8	♏	17 0	17	26
10 38 40	8	9	1	17 39	18	27
10 42 25	9	10	2	18 17	18	28
10 46 9	10	10	2	18 55	19	29
10 49 53	11	11	3	19 34	20	♒
10 53 37	12	12	4	20 13	21	1
10 57 20	13	13	4	20 52	22	2
11 1 3	14	14	5	21 30	22	3
11 4 46	15	15	6	22 8	23	5
11 8 28	16	16	7	22 46	24	6
11 12 10	17	16	7	23 25	25	7
11 15 52	18	17	8	24 4	26	8
11 19 34	19	18	9	24 42	26	9
11 23 15	20	19	9	25 21	27	10
11 26 56	21	20	10	25 59	28	11
11 30 37	22	20	11	26 38	29	12
11 34 18	23	21	12	27 16	♑	13
11 37 58	24	22	12	27 54	1	14
11 41 39	25	23	13	28 33	1	15
11 45 19	26	24	14	29 11	2	16
11 49 0	27	25	14	29 50	3	17
11 52 40	28	26	15	0 ♐ 30	4	18
11 56 20	29	26	16	1 9	5	20
12 0 0	30	27	16	1 48	6	21

TABLES OF HOUSES FOR LIVERPOOL, Latitude 53° 25′ N

Sidereal Time (H. M. S.)	10 (♎)	11 (♎)	12 (♏)	Ascen ° (♐)	Ascen ′	2 (♑)	3 (♒)
12 0 0	0	27	16	1	48	6	21
12 3 40	1	28	17	2	27	7	22
12 7 20	2	29	18	3	6	8	23
12 11 0	3	♏	18	3	46	9	24
12 14 41	4	0	19	4	25	10	25
12 18 21	5	1	20	5	6	10	26
12 22 2	6	2	21	5	46	11	28
12 25 42	7	3	21	6	26	12	29
12 29 23	8	4	22	7	6	13	♓
12 33 4	9	4	23	7	46	14	1
12 36 45	10	5	24	8	27	15	2
12 40 26	11	6	24	9	8	16	3
12 44 8	12	7	25	9	49	17	5
12 47 50	13	8	26	10	30	18	6
12 51 32	14	9	26	11	12	19	7
12 55 14	15	9	27	11	54	20	8
12 58 57	16	10	28	12	36	21	10
13 2 40	17	11	28	13	19	22	11
13 6 23	18	12	29	14	2	23	12
13 10 7	19	13	♐	14	45	25	13
13 13 51	20	13	1	15	28	26	15
13 17 35	21	14	1	16	12	27	16
13 21 20	22	15	2	16	56	28	17
13 25 6	23	16	3	17	41	29	18
13 28 52	24	17	4	18	26	♒	19
13 32 38	25	17	4	19	11	1	21
13 36 25	26	18	5	19	57	3	22
13 40 12	27	19	6	20	44	4	23
13 44 0	28	20	7	21	31	5	24
13 47 48	29	21	7	22	18	7	26
13 51 37	30	21	8	23	6	8	27

Sidereal Time (H. M. S.)	10 (♏)	11 (♏)	12 (♐)	Ascen ° (♐)	Ascen ′	2 (♒)	3 (♓)
13 51 37	0	21	8	23	6	8	27
13 55 27	1	22	9	23	55	9	28
13 59 17	2	23	10	24	43	10	♈
14 3 8	3	24	10	25	33	12	1
14 6 59	4	25	11	26	23	13	2
14 10 51	5	26	12	27	14	15	4
14 14 44	6	26	13	28	6	16	5
14 18 37	7	27	13	28	59	18	6
14 22 31	8	28	14	29	52	19	8
14 26 25	9	29	15	0♑	46	20	9
14 30 20	10	♐	16	1	41	22	10
14 34 16	11	1	17	2	36	23	11
14 38 13	12	2	18	3	33	25	13
14 42 10	13	2	18	4	30	26	14
14 46 8	14	3	19	5	29	28	16
14 50 7	15	4	20	6	29	♓	17
14 54 7	16	5	21	7	30	1	18
14 58 7	17	6	22	8	32	3	20
15 2 8	18	7	23	9	35	5	21
15 6 9	19	8	24	10	39	6	22
15 10 12	20	8	24	11	45	8	23
15 14 15	21	9	25	12	52	10	25
15 18 19	22	10	26	14	1	11	26
15 22 23	23	11	27	15	11	13	27
15 26 29	24	12	28	16	23	15	29
15 30 35	25	13	29	17	37	17	♉
15 34 41	26	14	♑	18	53	19	1
15 38 49	27	15	1	20	10	21	3
15 42 57	28	16	2	21	29	22	4
15 47 6	29	16	3	22	51	24	5
15 51 15	30	17	4	24	15	26	7

Sidereal Time (H. M. S.)	10 (♐)	11 (♐)	12 (♑)	Ascen ° (♑)	Ascen ′	2 (♓)	3 (♉)
15 51 15	0	17	4	24	15	26	7
15 55 25	1	18	5	25	41	28	8
15 59 36	2	19	6	27	10	♈	9
16 3 48	3	20	7	28	41	2	10
16 8 0	4	21	8	0♒	14	4	12
16 12 13	5	22	9	1	50	5	13
16 16 26	6	23	10	3	30	7	14
16 20 40	7	24	11	5	13	9	15
16 24 55	8	25	12	6	58	11	17
16 29 10	9	26	13	8	46	13	18
16 33 26	10	27	14	10	38	15	19
16 37 42	11	28	15	12	32	17	20
16 41 59	12	29	16	14	31	19	22
16 46 16	13	♑	18	16	33	20	23
16 50 34	14	1	19	18	40	22	24
16 54 52	15	2	20	20	50	24	25
16 59 10	16	3	21	23	4	26	26
17 3 29	17	4	22	25	21	28	28
17 7 49	18	5	24	27	42	29	29
17 12 9	19	6	25	0♓	8	♉	♊
17 16 29	20	7	26	2	37	3	1
17 20 49	21	8	28	5	10	5	3
17 25 9	22	9	29	7	46	6	4
17 29 30	23	10	♒	10	24	8	5
17 33 51	24	11	2	13	7	10	6
17 38 12	25	12	3	15	52	11	7
17 42 34	26	13	4	18	38	13	8
17 46 55	27	14	6	21	27	15	9
17 51 17	28	15	7	24	17	16	10
17 55 38	29	16	9	27	8	18	12
18 0 0	30	17	11	30	0	19	13

Sidereal Time (H. M. S.)	10 (♑)	11 (♑)	12 (♒)	Ascen ° (♈)	Ascen ′	2 (♉)	3 (♊)
18 0 0	0	17	11	0	0	19	13
18 4 22	1	18	12	2	52	21	14
18 8 43	2	20	14	5	43	23	15
18 13 5	3	21	15	8	33	24	16
18 17 26	4	22	17	11	22	25	17
18 21 48	5	23	19	14	8	27	18
18 26 9	6	24	20	16	53	28	19
18 30 30	7	25	22	19	36	♊	20
18 34 51	8	26	24	22	14	1	21
18 39 11	9	27	25	24	50	2	22
18 43 31	10	29	27	27	23	4	23
18 47 51	11	♒	28	29	52	5	24
18 52 11	12	1	♓	2♉	18	6	25
18 56 31	13	2	2	4	39	8	26
19 0 50	14	4	4	6	56	9	27
19 5 8	15	5	6	9	10	10	28
19 9 26	16	6	8	11	20	11	29
19 13 44	17	7	10	13	27	12	♋
19 18 1	18	8	11	15	29	14	1
19 22 18	19	9	13	17	28	15	2
19 26 34	20	11	15	19	22	16	3
19 30 50	21	12	17	21	14	17	4
19 35 5	22	13	19	23	2	18	5
19 39 20	23	15	21	24	47	19	6
19 43 34	24	16	23	26	30	20	7
19 47 47	25	17	25	28	10	21	8
19 52 0	26	18	26	29	46	22	9
19 56 12	27	20	28	1♊	19	23	10
20 0 24	28	21	♈	2	50	24	11
20 4 35	29	22	2	4	19	25	12
20 8 45	30	23	4	5	45	26	13

Sidereal Time (H. M. S.)	10 (♒)	11 (♒)	12 (♈)	Ascen ° (♊)	Ascen ′	2 (♊)	3 (♋)
20 8 45	0	23	4	5	45	26	13
20 12 54	1	25	6	7	9	27	14
20 17 3	2	26	8	8	31	28	14
20 21 11	3	27	9	9	50	29	15
20 25 19	4	29	11	11	7	♋	16
20 29 26	5	♓	13	12	23	1	17
20 33 31	6	1	15	13	37	2	18
20 37 37	7	3	17	14	49	3	19
20 41 41	8	4	19	15	59	4	20
20 45 45	9	5	20	17	8	5	21
20 49 48	10	7	22	18	15	6	22
20 53 51	11	8	24	19	21	7	22
20 57 52	12	10	25	20	25	7	23
21 1 53	13	11	27	21	28	8	24
21 5 53	14	12	29	22	30	9	25
21 9 53	15	13	♉	23	31	10	26
21 13 52	16	14	2	24	31	11	27
21 17 50	17	16	4	25	30	12	28
21 21 47	18	17	5	26	27	12	28
21 25 44	19	18	7	27	24	13	29
21 29 40	20	20	8	28	19	14	♌
21 33 35	21	21	10	29	14	15	1
21 37 29	22	22	11	0♋	8	16	2
21 41 23	23	24	12	1	1	17	3
21 45 16	24	25	14	1	54	17	4
21 49 9	25	26	15	2	46	18	4
21 53 1	26	28	17	3	37	19	5
21 56 52	27	29	18	4	27	20	6
22 0 43	28	♈	20	5	17	20	7
22 4 33	29	2	21	6	5	21	8
22 8 23	30	3	22	6	54	22	8

Sidereal Time (H. M. S.)	10 (♓)	11 (♈)	12 (♉)	Ascen ° (♋)	Ascen ′	2 (♋)	3 (♌)
22 8 23	0	3	22	6	54	22	8
22 12 12	1	4	23	7	42	23	9
22 16 0	2	5	25	8	29	23	10
22 19 48	3	7	26	9	16	24	11
22 23 35	4	8	27	10	3	25	12
22 27 22	5	9	29	10	49	26	13
22 31 8	6	11	♊	11	34	26	13
22 34 54	7	12	1	12	19	27	14
22 38 40	8	13	2	13	3	28	15
22 42 25	9	14	3	13	48	29	16
22 46 9	10	16	4	14	32	29	17
22 49 53	11	17	5	15	15	♌	17
22 53 37	12	18	7	15	58	1	18
22 57 20	13	19	8	16	41	2	19
23 1 3	14	20	9	17	24	2	20
23 4 46	15	22	10	18	6	3	21
23 8 28	16	23	11	18	48	4	21
23 12 10	17	24	12	19	30	4	22
23 15 52	18	25	13	20	11	5	23
23 19 34	19	27	14	20	52	6	24
23 23 15	20	28	15	21	33	6	25
23 26 56	21	29	16	22	14	7	26
23 30 37	22	♉	17	22	54	8	26
23 34 18	23	1	18	23	34	9	27
23 37 58	24	2	19	24	14	9	28
23 41 39	25	4	20	24	54	10	29
23 45 19	26	5	21	25	35	11	♍
23 49 0	27	6	22	26	14	11	0
23 52 40	28	7	22	26	54	12	1
23 56 20	29	8	23	27	33	13	2
24 0 0	30	9	24	28	12	14	3

TABLES OF HOUSES FOR NEW YORK, Latitude 40° 43′ N.

Sidereal Time.	10 ♈	11 ♉	12 ♊	Ascen ♋		2 ♌	3 ♏
H. M. S.	°	°	°	°	′	°	°
0 0 0	0	6	15	18	53	8	1
0 3 40	1	7	16	19	38	9	2
0 7 20	2	8	17	20	23	10	3
0 11 0	3	9	18	21	12	11	4
0 14 41	4	11	19	21	55	12	5
0 18 21	5	12	20	22	40	12	5
0 22 2	6	13	21	23	24	13	6
0 25 42	7	14	22	24	8	14	7
0 29 23	8	15	23	24	54	15	8
0 33 4	9	16	23	25	37	15	9
0 36 45	10	17	24	26	22	16	10
0 40 26	11	18	25	27	5	17	11
0 44 8	12	19	26	27	50	18	12
0 47 50	13	20	27	28	33	19	13
0 51 32	14	21	28	29	18	19	13
0 55 14	15	22	28	0♌ 3		20	14
0 58 57	16	23	29	0	46	21	15
1 2 40	17	24	♋	1	31	22	16
1 6 23	18	25	1	2	14	22	17
1 10 7	19	26	2	2	58	23	18
1 13 51	20	27	3	3	43	24	19
1 17 35	21	28	3	4	27	25	20
1 21 20	22	29	4	5	12	25	21
1 25 6	23	♊	5	5	56	26	22
1 28 52	24	1	6	6	40	27	22
1 32 38	25	2	7	7	25	28	23
1 36 25	26	2	8	8	9	29	24
1 40 12	27	3	9	8	53	♍	25
1 44 0	28	4	10	9	38	1	26
1 47 48	29	5	10	10	24	1	27
1 51 37	30	6	11	11	8	2	28

Sidereal Time.	10 ♉	11 ♊	12 ♋	Ascen ♌		2 ♍	3 ♍
H. M. S.	°	°	°	°	′	°	°
1 51 37	0	6	11	11	8	2	28
1 55 27	1	7	12	11	53	3	29
1 59 17	2	8	13	12	38	4	♎
2 3 8	3	9	14	13	22	5	1
2 6 59	4	10	15	14	8	5	2
2 10 51	5	11	15	14	53	6	3
2 14 44	6	12	16	15	39	7	4
2 18 37	7	13	17	16	24	8	4
2 22 31	8	14	18	17	10	9	5
2 26 25	9	15	19	17	56	10	6
2 30 20	10	16	20	18	41	10	7
2 34 16	11	17	20	19	27	11	8
2 38 13	12	18	21	20	14	12	9
2 42 10	13	19	22	21	0	13	10
2 46 8	14	19	23	21	47	14	11
2 50 7	15	20	24	22	33	15	12
2 54 7	16	21	25	23	20	16	13
2 58 7	17	22	25	24	7	17	14
3 2 8	18	23	26	24	54	17	15
3 6 9	19	24	27	25	42	18	16
3 10 12	20	25	28	26	29	19	17
3 14 15	21	26	29	27	17	20	18
3 18 19	22	27	♌	28	4	21	19
3 22 23	23	28	1	28	52	22	20
3 26 29	24	29	1	29	40	23	21
3 30 35	25	♋	2	0♍ 29		24	22
3 34 41	26	1	3	1	17	24	23
3 38 49	27	2	4	2	6	25	24
3 42 57	28	3	5	2	55	26	25
3 47 6	29	4	6	3	43	27	26
3 51 15	30	5	7	4	32	28	27

Sidereal Time.	10 ♊	11 ♋	12 ♌	Ascen ♍		2 ♍	3 ♎
H. M. S.	°	°	°	°	′	°	°
3 51 15	0	5	7	4	32	28	27
3 55 25	1	6	8	5	22	29	28
3 59 36	2	6	8	6	10	♎	29
4 3 48	3	7	9	7	0	1	♏
4 8 0	4	8	10	7	49	2	1
4 12 13	5	9	11	8	40	3	2
4 16 26	6	10	12	9	30	4	3
4 20 40	7	11	13	10	19	4	4
4 24 55	8	12	14	11	10	5	5
4 29 10	9	13	15	12	0	6	6
4 33 26	10	14	16	12	51	7	7
4 37 42	11	15	16	13	41	8	8
4 41 59	12	16	17	14	32	9	9
4 46 16	13	17	18	15	23	10	10
4 50 34	14	18	19	16	14	11	11
4 54 52	15	19	20	17	5	12	12
4 59 10	16	20	21	17	56	13	13
5 3 29	17	21	22	18	47	14	14
5 7 49	18	22	23	19	39	15	15
5 12 9	19	23	24	20	30	16	16
5 16 29	20	24	25	21	22	17	17
5 20 49	21	25	25	22	13	18	18
5 25 9	22	26	26	23	5	18	19
5 29 30	23	27	27	23	57	19	20
5 33 51	24	28	28	24	49	20	21
5 38 12	25	29	29	25	40	21	22
5 42 34	26	♌	♍	26	32	22	22
5 46 55	27	1	1	27	25	23	23
5 51 17	28	2	2	28	16	24	24
5 55 38	29	3	3	29	8	25	25
6 0 0	30	4	4	30	0	26	26

Sidereal Time.	10 ♋	11 ♌	12 ♍	Ascen ♎		2 ♎	3 ♏
H. M. S.	°	°	°	°	′	°	°
6 0 0	0	4	4	0	0	26	26
6 4 22	1	5	5	0	52	27	27
6 8 43	2	6	6	1	44	28	28
6 13 5	3	6	7	2	35	29	29
6 17 26	4	7	8	3	28	♏	♐
6 21 48	5	8	9	4	20	1	1
6 26 9	6	9	10	5	11	2	2
6 30 30	7	10	11	6	3	3	3
6 34 51	8	11	12	6	55	3	4
6 39 11	9	12	13	7	47	4	5
6 43 31	10	13	14	8	38	5	6
6 47 51	11	14	15	9	30	6	7
6 52 11	12	15	15	10	21	7	8
6 56 31	13	16	16	11	13	8	9
7 0 50	14	17	17	12	4	9	10
7 5 8	15	18	18	12	55	10	11
7 9 26	16	19	19	13	46	11	12
7 13 44	17	20	20	14	37	12	13
7 18 1	18	21	21	15	28	13	14
7 22 18	19	22	22	16	19	14	15
7 26 34	20	23	23	17	9	14	16
7 30 50	21	24	23	18	0	15	17
7 35 5	22	25	24	18	50	16	18
7 39 20	23	26	25	19	41	17	19
7 43 34	24	27	26	20	30	18	20
7 47 47	25	28	27	21	20	19	21
7 52 0	26	29	28	22	11	20	22
7 56 12	27	♍	29	23	0	21	23
8 0 24	28	1	♎	23	50	21	24
8 4 35	29	2	1	24	38	22	24
8 8 45	30	3	2	25	28	23	25

Sidereal Time.	10 ♌	11 ♍	12 ♎	Ascen ♎		2 ♏	3 ♐
H. M. S.	°	°	°	°	′	°	°
8 8 45	0	3	2	25	28	23	25
8 12 54	1	4	3	26	17	24	26
8 17 3	2	5	4	27	5	25	27
8 21 11	3	6	5	27	54	26	28
8 25 19	4	7	6	28	43	27	29
8 29 26	5	8	7	29	31	28	♑
8 33 31	6	9	7	0♏ 20		28	1
8 37 37	7	10	8	1	8	29	2
8 41 41	8	11	9	1	56	♐	3
8 45 45	9	12	10	2	43	1	4
8 49 48	10	13	11	3	31	2	5
8 53 51	11	14	12	4	18	3	6
8 57 52	12	15	12	5	6	4	7
9 1 53	13	16	13	5	53	5	8
9 5 53	14	17	14	6	40	5	9
9 9 53	15	18	15	7	27	6	10
9 13 52	16	19	16	8	13	7	10
9 17 50	17	20	17	9	0	8	11
9 21 47	18	21	18	9	46	9	12
9 25 44	19	22	19	10	33	10	13
9 29 40	20	23	19	11	19	10	14
9 33 35	21	24	20	12	4	11	15
9 37 29	22	24	21	12	50	12	16
9 41 23	23	25	22	13	36	13	17
9 45 16	24	26	23	14	21	14	18
9 49 9	25	27	24	15	7	15	19
9 53 1	26	28	24	15	52	15	20
9 56 52	27	29	25	16	38	16	21
10 0 43	28	♎	26	17	22	17	22
10 4 33	29	1	27	18	7	18	23
10 8 23	30	2	28	18	52	19	24

Sidereal Time.	10 ♍	11 ♎	12 ♎	Ascen ♏		2 ♐	3 ♑
H. M. S.	°	°	°	°	′	°	°
10 8 23	0	2	28	18	52	19	24
10 12 12	1	3	29	19	36	20	25
10 16 0	2	4	29	20	22	20	26
10 19 48	3	5	♏	21	7	21	27
10 23 35	4	6	1	21	51	22	28
10 27 22	5	7	1	22	35	23	28
10 31 8	6	7	2	23	20	24	29
10 34 54	7	8	3	24	4	25	♒
10 38 40	8	9	4	24	48	25	1
10 42 25	9	10	5	25	33	26	2
10 46 9	10	11	6	26	17	27	3
10 49 53	11	12	7	27	2	28	4
10 53 37	12	13	7	27	46	29	5
10 57 20	13	14	8	28	29	♑	6
11 1 3	14	15	9	29	14	1	7
11 4 46	15	16	10	29	57	1	8
11 8 28	16	17	11	0♐ 42		2	9
11 12 10	17	17	11	1	27	3	10
11 15 52	18	18	12	2	10	4	11
11 19 34	19	19	13	2	55	5	12
11 23 15	20	20	14	3	38	6	13
11 26 56	21	21	14	4	23	7	14
11 30 37	22	22	15	5	6	7	15
11 34 18	23	23	16	5	52	8	16
11 37 58	24	23	17	6	36	9	17
11 41 39	25	24	18	7	20	10	18
11 45 19	26	25	18	8	5	11	19
11 49 0	27	26	19	8	48	12	20
11 52 40	28	27	20	9	37	13	22
11 56 20	29	28	21	10	22	14	23
12 0 0	30	29	21	11	7	15	24

TABLES OF HOUSES FOR NEW YORK, Latitude 40° 43′ N.

Sidereal Time H. M. S.	10 ♎	11 ♎	12 ♏	Ascen ♐ °	′	2 ♑	3 ♒
12 0 0	0	29	21	11	7	15	24
12 3 40	1	♏	22	11	52	16	25
12 7 20	2	1	23	12	37	17	26
12 11 0	3	1	24	13	19	17	27
12 14 41	4	2	25	14	7	18	28
12 18 21	5	3	25	14	52	19	29
12 22 2	6	4	26	15	38	20	♓
12 25 42	7	5	27	16	23	21	1
12 29 23	8	6	28	17	11	22	2
12 33 4	9	6	28	17	58	23	3
12 36 45	10	7	29	18	45	24	4
12 40 26	11	8	♐	19	32	25	5
12 44 8	12	9	1	20	20	26	7
12 47 50	13	10	2	21	8	27	8
12 51 32	14	11	2	21	57	28	9
12 55 14	15	12	3	22	43	29	10
12 58 57	16	13	4	23	33	♒	11
13 2 40	17	13	5	24	22	1	12
13 6 23	18	14	6	25	11	2	13
13 10 7	19	15	7	26	1	3	15
13 13 51	20	16	7	26	51	5	16
13 17 35	21	17	8	27	40	6	17
13 21 20	22	18	9	28	32	7	18
13 25 6	23	19	10	29	23	8	19
13 28 52	24	19	10	0 ♑	14	9	20
13 32 38	25	20	11	1	7	10	21
13 36 25	26	21	12	2	0	11	23
13 40 12	27	22	13	2	52	12	24
13 44 0	28	23	13	3	46	13	25
13 47 48	29	24	14	4	41	15	26
13 51 37	30	25	15	5	35	16	27

Sidereal Time H. M. S.	10 ♏	11 ♏	12 ♐	Ascen ♑ °	′	2 ♒	3 ♓
13 51 37	0	25	15	5	35	16	27
13 55 27	1	25	16	6	30	17	29
13 59 17	2	26	17	7	27	18	♈
14 3 8	3	27	18	8	23	20	1
14 6 59	4	28	18	9	20	21	2
14 10 51	5	29	19	10	18	22	3
14 14 44	6	♐	20	11	16	23	5
14 18 37	7	1	21	12	15	24	6
14 22 31	8	2	22	13	15	26	7
14 26 25	9	2	23	14	16	27	8
14 30 20	10	3	24	15	17	28	9
14 34 16	11	4	24	16	19	♓	11
14 38 13	12	5	25	17	23	1	12
14 42 10	13	6	26	18	27	2	13
14 46 8	14	7	27	19	32	4	14
14 50 7	15	8	28	20	37	5	16
14 54 7	16	9	29	21	44	6	17
14 58 7	17	10	♑	22	51	8	18
15 2 8	18	10	1	23	59	9	19
15 6 9	19	11	2	25	9	11	20
15 10 12	20	12	3	26	19	12	22
15 14 15	21	13	4	27	31	14	23
15 18 19	22	14	5	28	43	15	24
15 22 23	23	15	6	29	57	16	25
15 26 29	24	16	6	1 ♒	14	18	26
15 30 35	25	17	7	2	28	19	28
15 34 41	26	18	8	3	46	21	29
15 38 49	27	19	9	5	5	22	♉
15 42 57	28	20	10	6	25	24	1
15 47 6	29	21	11	7	46	25	3
15 51 15	30	21	13	9	8	27	4

Sidereal Time H. M. S.	10 ♐	11 ♐	12 ♑	Ascen ♒ °	′	2 ♓	3 ♉
15 51 15	0	21	13	9	8	27	4
15 55 25	1	22	14	10	31	28	5
15 59 36	2	23	15	11	56	♈	6
16 3 48	3	24	16	13	23	1	7
16 8 0	4	25	17	14	50	3	9
16 12 13	5	26	18	16	9	4	10
16 16 26	6	27	19	17	50	6	11
16 20 40	7	28	20	19	22	7	12
16 24 55	8	29	21	20	56	9	13
16 29 10	9	♑	22	22	30	11	15
16 33 26	10	1	23	24	7	12	16
16 37 42	11	2	24	25	44	14	17
16 41 59	12	3	26	27	23	15	18
16 46 16	13	4	27	29	4	17	19
16 50 34	14	5	28	0 ♓	45	18	20
16 54 52	15	6	29	2	27	20	22
16 59 10	16	7	♒	4	11	21	23
17 3 29	17	8	2	5	56	23	24
17 7 49	18	9	3	7	43	24	25
17 12 9	19	10	4	9	30	26	26
17 16 29	20	11	5	11	18	27	27
17 20 49	21	12	7	13	8	29	28
17 25 9	22	13	8	14	57	♉	♊
17 29 30	23	14	9	16	48	2	1
17 33 51	24	15	10	18	41	3	2
17 38 12	25	16	12	20	33	5	3
17 42 34	26	17	13	22	25	6	4
17 46 55	27	19	14	24	19	7	5
17 51 17	28	20	16	26	12	9	6
17 55 38	29	21	17	28	7	10	7
18 0 0	30	22	18	30	0	12	9

Sidereal Time H. M. S.	10 ♑	11 ♑	12 ♒	Ascen ♈ °	′	2 ♉	3 ♊
18 0 0	0	22	18	0	0	12	9
18 4 22	1	23	20	1	53	13	10
18 8 43	2	24	21	3	48	14	11
18 13 5	3	25	23	5	41	16	12
18 17 26	4	26	24	7	35	17	13
18 21 48	5	27	25	9	27	18	14
18 26 9	6	28	27	11	19	20	15
18 30 30	7	29	28	13	12	21	16
18 34 51	8	♒	♓	15	3	22	17
18 39 11	9	2	1	16	52	23	18
18 43 31	10	3	3	18	42	25	19
18 47 51	11	4	4	20	30	26	20
18 52 11	12	5	5	22	17	27	21
18 56 31	13	6	7	24	4	29	22
19 0 50	14	7	9	25	49	♊	23
19 5 8	15	9	10	27	33	1	24
19 9 26	16	10	12	29	15	2	25
19 13 44	17	11	13	0 ♉	56	3	26
19 18 1	18	12	15	2	37	4	27
19 22 18	19	13	16	4	16	6	28
19 26 34	20	14	18	5	53	7	29
19 30 50	21	16	19	7	30	8	♋
19 35 5	22	17	21	9	4	9	1
19 39 20	23	18	22	10	38	10	2
19 43 34	24	19	24	12	10	11	3
19 47 47	25	20	25	13	41	12	4
19 52 0	26	21	27	15	10	13	5
19 56 12	27	23	29	16	37	14	6
20 0 24	28	24	♈	18	4	15	7
20 4 35	29	25	2	19	29	16	8
20 8 45	30	26	3	20	52	17	9

Sidereal Time H. M. S.	10 ♒	11 ♒	12 ♈	Ascen ♉ °	′	2 ♊	3 ♋
20 8 45	0	26	3	20	52	17	9
20 12 54	1	27	5	22	14	18	9
20 17 3	2	29	6	23	35	19	10
20 21 11	3	♓	8	24	55	20	11
20 25 19	4	1	9	26	14	21	12
20 29 26	5	2	11	27	32	22	13
20 33 31	6	3	12	28	46	23	14
20 37 37	7	5	14	0 ♊	3	24	15
20 41 41	8	6	15	1	17	25	16
20 45 45	9	7	16	2	29	26	17
20 49 48	10	8	18	3	41	27	18
20 53 51	11	10	19	4	51	28	19
20 57 52	12	11	21	6	1	29	20
21 1 53	13	12	22	7	9	♋	20
21 5 53	14	13	24	8	16	1	21
21 9 53	15	14	25	9	23	2	22
21 13 52	16	16	26	10	30	3	23
21 17 50	17	17	28	11	33	4	24
21 21 47	18	18	29	12	37	5	25
21 25 44	19	19	♉	13	41	6	26
21 29 40	20	21	2	14	43	6	27
21 33 35	21	22	3	15	44	7	28
21 37 29	22	23	4	16	45	8	28
21 41 23	23	24	6	17	45	9	29
21 45 16	24	25	7	18	44	10	♌
21 49 9	25	27	8	19	42	11	1
21 53 1	26	28	9	20	40	12	2
21 56 52	27	29	11	21	37	12	3
22 0 43	28	♈	12	22	33	13	4
22 4 33	29	1	13	23	30	14	5
22 8 23	30	3	14	24	25	15	5

Sidereal Time H. M. S.	10 ♓	11 ♈	12 ♉	Ascen ♊ °	′	2 ♋	3 ♌
22 8 23	0	3	14	24	25	15	5
22 12 12	1	4	15	25	19	16	6
22 16 0	2	5	17	26	14	17	7
22 19 48	3	6	18	27	8	17	8
22 23 35	4	7	19	28	0	18	9
22 27 22	5	8	20	28	53	19	10
22 31 8	6	10	21	29	46	20	11
22 34 54	7	11	22	0 ♋	37	21	11
22 38 40	8	12	23	1	28	21	12
22 42 25	9	13	24	2	20	22	13
22 46 9	10	14	25	3	9	23	14
22 49 53	11	15	27	3	59	24	15
22 53 37	12	17	28	4	49	24	16
22 57 20	13	18	29	5	38	25	17
23 1 3	14	19	♊	6	27	26	17
23 4 46	15	20	1	7	17	27	18
23 8 28	16	21	2	8	3	28	19
23 12 10	17	22	3	8	52	28	20
23 15 52	18	23	4	9	40	29	21
23 19 34	19	24	5	10	28	♌	22
23 23 15	20	26	6	11	15	1	23
23 26 56	21	27	7	12	2	2	23
23 30 37	22	28	8	12	49	2	24
23 34 18	23	29	9	13	37	3	25
23 37 58	24	♉	10	14	22	4	26
23 41 39	25	1	11	15	8	5	27
23 45 19	26	2	12	15	53	5	28
23 49 0	27	3	12	16	41	6	29
23 52 40	28	4	13	17	23	7	29
23 56 20	29	5	14	18	8	8	♍
24 0 0	30	6	15	18	53	9	1

DEGREES OR HOURS

Min.	0	1	2	3	4	5	6	7	8	9	10	11	12	13	14	15	Min.
0	3.1584	1.3802	1.0792	9031	7781	6812	6021	5351	4771	4260	3802	3388	3010	2663	2341	2041	0
1	3.1584	1.3730	1.0756	9007	7763	6798	6009	5341	4762	4252	3795	3382	3004	2657	2336	2036	1
2	2.8573	1.3660	1.0720	8983	7745	6784	5997	5330	4753	4244	3788	3375	2998	2652	2330	2032	2
3	2.6812	1.3590	1.0685	8959	7728	6769	5985	5320	4744	4236	3780	3368	2992	2646	2325	2027	3
4	2.5563	1.3522	1.0649	8935	7710	6755	5973	5310	4735	4228	3773	3362	2986	2640	2320	2022	4
5	2.4594	1.3454	1.0614	8912	7692	6741	5961	5300	4726	4220	3766	3355	2980	2635	2315	2017	5
6	2.3802	1.3388	1.0580	8888	7674	6726	5949	5289	4717	4212	3759	3349	2974	2629	2310	2012	6
7	2.3133	1.3323	1.0546	8865	7657	6712	5937	5279	4708	4204	3752	3342	2968	2624	2305	2008	7
8	2.2553	1.3258	1.0511	8842	7639	6698	5925	5269	4699	4196	3745	3336	2962	2618	2300	2003	8
9	2.2041	1.3195	1.0478	8819	7622	6684	5913	5259	4690	4188	3737	3329	2956	2613	2295	1998	9
10	2.1584	1.3133	1.0444	8796	7604	6670	5902	5249	4682	4180	3730	3323	2950	2607	2289	1993	10
11	2.1170	1.3071	1.0411	8773	7587	6656	5890	5239	4673	4172	3723	3316	2944	2602	2284	1988	11
12	2.0792	1.3010	1.0378	8751	7570	6642	5878	5229	4664	4164	3716	3310	2938	2596	2279	1984	12
13	2.0444	1.2950	1.0345	8728	7552	6628	5866	5219	4655	4156	3709	3303	2933	2591	2274	1979	13
14	2.0122	1.2891	1.0313	8706	7535	6614	5855	5209	4646	4148	3702	3297	2927	2585	2269	1974	14
15	1.9823	1.2833	1.0280	8683	7518	6600	5843	5199	4638	4141	3695	3291	2921	2580	2264	1969	15
16	1.9542	1.2775	1.0248	8661	7501	6587	5832	5189	4629	4133	3688	3284	2915	2574	2259	1965	16
17	1.9279	1.2719	1.0216	8639	7484	6573	5820	5179	4620	4125	3681	3278	2909	2569	2254	1960	17
18	1.9031	1.2663	1.0185	8617	7467	6559	5809	5169	4611	4117	3674	3271	2903	2564	2249	1955	18
19	1.8796	1.2607	1.0153	8595	7451	6546	5797	5159	4603	4109	3667	3265	2897	2558	2244	1950	19
20	1.8573	1.2553	1.0122	8573	7434	6532	5786	5149	4594	4102	3660	3258	2891	2553	2239	1946	20
21	1.8361	1.2499	1.0091	8552	7417	6519	5774	5139	4585	4094	3653	3252	2885	2547	2234	1941	21
22	1.8159	1.2445	1.0061	8530	7401	6505	5763	5129	4577	4086	3646	3246	2880	2542	2229	1936	22
23	1.7966	1.2393	1.0030	8509	7384	6492	5752	5120	4568	4079	3639	3239	2874	2536	2223	1932	23
24	1.7781	1.2341	1.0000	8487	7368	6478	5740	5110	4559	4071	3632	3233	2868	2531	2218	1927	24
25	1.7604	1.2289	0.9970	8466	7351	6465	5729	5100	4551	4063	3625	3227	2862	2526	2213	1922	25
26	1.7434	1.2239	0.9940	8445	7335	6451	5718	5090	4542	4055	3618	3220	2856	2520	2208	1917	26
27	1.7270	1.2188	0.9910	8424	7318	6438	5706	5081	4534	4048	3611	3214	2850	2515	2203	1913	27
28	1.7112	1.2139	0.9881	8403	7302	6425	5695	5071	4525	4040	3604	3208	2845	2509	2198	1908	28
29	1.6960	1.2090	0.9852	8382	7286	6412	5684	5061	4516	4032	3597	3201	2839	2504	2193	1903	29
30	1.6812	1.2041	0.9823	8361	7270	6398	5673	5051	4508	4025	3590	3195	2833	2499	2188	1899	30
31	1.6670	1.1993	0.9794	8341	7254	6385	5662	5042	4499	4017	3583	3189	2827	2493	2183	1894	31
32	1.6532	1.1946	0.9765	8320	7238	6372	5651	5032	4491	4010	3576	3183	2821	2488	2178	1889	32
33	1.6398	1.1899	0.9737	8300	7222	6359	5640	5023	4482	4002	3570	3176	2816	2483	2173	1885	33
34	1.6269	1.1852	0.9708	8279	7206	6346	5629	5013	4474	3994	3563	3170	2810	2477	2168	1880	34
35	1.6143	1.1806	0.9680	8259	7190	6333	5618	5003	4466	3987	3556	3164	2804	2472	2164	1875	35
36	1.6021	1.1761	0.9652	8239	7174	6320	5607	4994	4457	3979	3549	3157	2798	2467	2159	1871	36
37	1.5902	1.1716	0.9625	8219	7159	6307	5596	4984	4449	3972	3542	3151	2793	2461	2154	1866	37
38	1.5786	1.1671	0.9597	8199	7143	6294	5585	4975	4440	3964	3535	3145	2787	2456	2149	1862	38
39	1.5673	1.1627	0.9570	8179	7128	6282	5574	4965	4432	3957	3529	3139	2781	2451	2144	1857	39
40	1.5563	1.1584	0.9542	8159	7112	6269	5563	4956	4424	3949	3522	3133	2775	2445	2139	1852	40
41	1.5456	1.1540	0.9515	8140	7097	6256	5552	4947	4415	3942	3515	3126	2770	2440	2134	1848	41
42	1.5351	1.1498	0.9488	8120	7081	6243	5541	4937	4407	3934	3508	3120	2764	2435	2129	1843	42
43	1.5249	1.1455	0.9462	8101	7066	6231	5531	4928	4399	3927	3501	3114	2758	2430	2124	1838	43
44	1.5149	1.1413	0.9435	8081	7050	6218	5520	4918	4390	3919	3495	3108	2753	2424	2119	1834	44
45	1.5051	1.1372	0.9409	8062	7035	6205	5509	4909	4382	3912	3488	3102	2747	2419	2114	1829	45
46	1.4956	1.1331	0.9383	8043	7020	6193	5498	4900	4374	3905	3481	3096	2741	2414	2109	1825	46
47	1.4863	1.1290	0.9356	8023	7005	6180	5488	4890	4365	3897	3475	3089	2736	2409	2104	1820	47
48	1.4771	1.1249	0.9330	8004	6990	6168	5477	4881	4357	3890	3468	3083	2730	2403	2099	1816	48
49	1.4682	1.1209	0.9305	7985	6975	6155	5466	4872	4349	3882	3461	3077	2724	2398	2095	1811	49
50	1.4594	1.1170	0.9279	7966	6960	6143	5456	4863	4341	3875	3454	3071	2719	2393	2090	1806	50
51	1.4508	1.1130	0.9254	7947	6945	6131	5445	4853	4333	3868	3448	3065	2713	2388	2085	1802	51
52	1.4424	1.1091	0.9228	7929	6930	6118	5435	4844	4324	3860	3441	3059	2707	2382	2080	1797	52
53	1.4341	1.1053	0.9203	7910	6915	6106	5424	4835	4316	3853	3434	3053	2702	2377	2075	1793	53
54	1.4260	1.1015	0.9178	7891	6900	6094	5414	4826	4308	3846	3428	3047	2696	2372	2070	1788	54
55	1.4180	1.0977	0.9153	7873	6885	6081	5403	4817	4300	3838	3421	3041	2691	2367	2065	1784	55
56	1.4102	1.0939	0.9128	7854	6871	6069	5393	4808	4292	3831	3415	3034	2685	2362	2061	1779	56
57	1.4025	1.0902	0.9104	7836	6856	6057	5382	4798	4284	3824	3408	3028	2679	2356	2056	1774	57
58	1.3949	1.0865	0.9079	7818	6841	6045	5372	4789	4276	3817	3401	3022	2674	2351	2051	1770	58
59	1.3875	1.0828	0.9055	7800	6827	6033	5361	4780	4268	3809	3395	3016	2668	2346	2046	1765	59

0	1	2	3	4	5	6	7	8	9	10	11	12	13	14	15

RULE:—Add proportional log. of planet's daily motion to log. of time from noon, and the sum will be the log. of the motion required. Add this to planet's place at noon, if time be p.m., but subtract if a.m. and the sum will be planet's true place. If Retrograde, subtract for p.m., but add for a.m.

What is the Long. of ☽ April 11, 1996 at 2.15 p.m.?
☽'s daily motion—14° 12'
    Prop. Log. of 14° 12' .... .2279
    Prop. Log. of 2h. 15m. 1.0280
☽'s motion in 2h. 15m. = 1° 20' or Log.   1.2559

☽'s Long. = 28° ♑ 43' + 1° 20' = 0° ♒ 03'
  The Daily Motions of the Sun, Moon, Mercury, Venus and Mars will be found on pages 26 to 28.